크리티컬 비즈니스 패러다임

CRITICAL BUSINESS PARADIGM
Copyright ⓒ 2024 Shu Yamaguchi
Original Japanese edition published by PRESIDENT Inc.
Korean translation rights arranged with PRESIDENT Inc.
through The English Agency (Japan) Ltd. and Eric Yang Agency, Inc

이 책의 한국어판 저작권은 EYA Co.,Ltd를 통해
PRESIDENT Inc.와 독점 계약한
도서출판 미래지향이 소유합니다.
저작권법에 의하여 한국 내에서 보호를 받는 저작물이므로
무단 전재 및 복제를 금합니다.

크리티컬 비즈니스 패러다임

야마구치 슈 지음
최윤영 옮김

일러두기
옮긴이의 주는 본문 괄호에 적고 표시했다. 표시가 없는 괄호의 설명은 모두 저자가 쓴 것이며, 각주는 모두 저자의 주다.

차례

들어가며 6

제1장 크리티컬 비즈니스 패러다임이란 13

제2장 크리티컬 비즈니스를 둘러싼 기업의 이해관계자 45

제3장 반항이라는 사회적 자원 73

제4장 크리티컬 비즈니스 패러다임의 배경 91

제5장 사회를 변혁한 크리티컬 비즈니스의 실천 사례와 다양성 115

제6장 활동가를 위한 10개의 총알 153

제7장 앞으로의 과제 195

마치며 216

활동가를 위한 북 가이드 223

들어가며

    이 책을 통해 저는 희망찬 가설 하나를 여러분과 공유하고 싶습니다.
    "사회 운동·사회 비판으로서의 측면을 강하게 가지는 비즈니스, 즉 '크리티컬 비즈니스'라는 새로운 패러다임의 부상으로 경제·사회·환경의 삼중고를 해결한다."
    저는 2020년에 출간한 『비즈니스의 미래』에서 안전·쾌적·편리한 사회를 만든다는 목적에 관해 비즈니스는 이미 역사적 역할을 끝내지 않았냐고 의문을 제기했습니다. 원시 시대 이래 인류의 숙원이었던 '내일을 살아가기 위한 기본적인 물질적 조건의 충족'이라고 하는 소망이 충족된 현재, 우리는 비즈니스라는 행위에서 사회적 의의를 찾지 못하고 있습니다.
    이 질문에 대한 전작에서의 답변은 '조건부 예스'였으나, 그 후에도 영리기업 혹은 비즈니스의 사회적 존재 의의에 관한 논의가 가라앉을 기미가 보이지 않고, 세계경제포럼을 비롯한 회의장에서도 이 논점은 주요한 안건으로 남아 있습니다.

최근 몇 년간 전 세계에서 열띠게 벌어지고 있는 '목적'에 관한 논의도 '이 사업에 사회적 의의가 있는가?'라는 소박하지만 본질적인 질문에 대답하지 못한 사람들이 일으킨 일종의 패닉 반응이라고 생각할 수도 있을 것입니다.

저는 이 책을 통해 이 지긋지긋한 질문에 하나의 가설로 답변을 제시하고자 합니다. 즉, '사회 운동·사회 비판으로서의 측면을 강하게 가지는 비즈니스인 크리티컬 비즈니스'라는 새로운 패러다임의 부상으로 그것은 가능하다,라는 가설입니다.

자, 다시 확인하면 사회 운동과 비즈니스는 각각 다음과 같이 정의됩니다.

> 사회 운동 – 사회 변화와 개선을 목표로 일정한 목표와 가치관을 공유하는 사람들이 조직적으로 실시하는 활동이나 운동.
> 비즈니스 – 고객의 요구를 충족시키는 상품과 서비스를 제공하고 수익을 올릴 목적으로 이루어지는 경제적인 거래 및 활동.

사회 운동과 비즈니스라는 말의 조합은 그리 조화롭지 않습니다. 오히려 둘의 궁합이 나쁘다고 여기는 사람도 적지 않을 테지요.

1960년대에 전 세계적으로 달아올랐던 학생 운동은 폭주하는 자본주의와 만연하는 상업주의를 향한 비판이라는 측면이 강했고, 최근으로 눈을 돌려도 2011년에 벌어졌던 'Occupy Wall Street(월가를 점거하라)'의 운동 또한 월가의 금융기관을 주축으로 한 '탐욕적인 기업'에 대한 비판이 주류였기 때문에 비즈니스와 사회 운동을 물과 기름처럼 생각하는 것도 무리는 아닐 겁니다.

그러나 비즈니스의 역사를 살펴보면, 사회 변화로 이어졌던 많은 이니셔티브(initiative, 문제 해결이나 목적 달성을 위한 주도적인 전략-옮긴이)가 비즈니스에서도 시작되었음을 확인할 수 있습니다.

예로, 산업혁명기에 방적공장 경영자로 큰 성공을 거둔 로버트 오언Robert Owen은 공장에서 아동 노동을 금지하고 근로 시간을 대폭 단축한 뒤 노동자들의 교육을 위한 학교를 마련하고 생활을 안정시키기 위한 협동조합까지 설립했습니다.

원래 자본가의 이익과 노동자의 복지는 대립하는 관계로 여겨져 왔으나 오언의 공장이 상업적으로도 성공하면서 이 둘은 이율배반적인 관계가 아니라 오히려 긍정적인 상승효과가 있는 것으로 확인되었고, 그것이 곧 영국과 기타 정부의 노동법, 사회복지제도, 교육제도의 정비로 이어졌습니다. 오늘날 우리 사회에서 당연하게 시행되고 있는 복지 정책의 대부분은 정부보다 오히려 기업 측의 이니셔티브로 유효성이 확인되었고, 그 이후 행정으로 규칙화되는 경위가 드러납니다.

그리고 현재로 눈을 돌려 보면, 오늘날 사회에서 큰 존재감을 드러내며 우수한 인재를 끌어들이고 고객과 지속적인 소통과 참여를 형성하는 데 성공한 기업 대다수는 단순한 이익만을 추구하지 않고 사회 운동과 사회 비평으로서의 측면을 강하게 가지고 있다는 것도 알게 됩니다.

이 부분은 나중에 다시 다루겠지만, 그들이 제시하는 비전에는 기존의 비즈니스에서 중시하던 고객이나 시장이라는 개념이 포함되어 있지 않습니다. 그들의 비즈니스는 고객의 욕구나 요구가 아니라 사회의 과제와 타인에 대한 공감으로 구동합니다.

이 책에서는 그러한 사회 운동·사회 비판으로서의 측면을 강하게 지니는 비즈니스를 크리티컬 비즈니스라는 패러다임으로 정리하고, 그 내용의 다양성과 시대 배경, 구조 및 실천을 위한 열쇠에 관해 이야기하겠습니다.

그렇다면 다시 한번, 크리티컬 비즈니스 패러다임이란 무엇일까요? 자세한 내용은 이 책을 읽어보시기를 바랍니다만, 여기서 짧게 요약해 보자면 다음과 같습니다.

크리티컬 비즈니스 패러다임이란 무엇인가?

사회 운동·사회 비평으로서의 측면을 강하게 지니는 비즈니스.
왜 크리티컬 비즈니스 패러다임이 요구되는가?
기존의 어퍼머티브 비즈니스(소비자의 욕구를 전적으로 긍정하는 비즈니스―옮긴이) 패러다임으로는 경쟁우위도 지속 가능성도 유지할 수 없기 때문에.
어떻게 크리티컬 비즈니스 패러다임을 실천할 수 있을까?
철학적, 비판적 고찰을 통해 새로운 어젠다를 생성하고, 어젠다에 공감해 모인 활동가들과 협동함으로써 가능.

요컨대 이 책은 '사회 운동·사회 비판으로서의 측면을 강하게 지니는 비즈니스, 즉 크리티컬 비즈니스'를 이해하고 실천하기 위한 안내서입니다. 그리고 필자인 저는 이 책의 집필과 출판 자체를 '사회 운동·사회 비판으로서의 측면을 강하게 지니는 비즈니스'의 실천이라고 여깁니다.

앞으로 상세히 설명하겠지만, 크리티컬 비즈니스 패러다임에서 고객은 기존의 비즈니스 패러다임과 달리 사회 운동에 참여하는 동지이자 활동가의 측면을 갖습니다. 그렇기에 이 책의 고객, 즉 독자 여러분께서는 '크리티컬 비즈니스 패러다임의 확산'이라는 게릴라전을 저와 함께하는 활동가가 되어주시기를 바랍니다.

제2차 세계대전 중 나치 독일의 지배하에 있던 파리의 레지스탕스 저항 운동을 지원하기 위해 연합군은 매우 간소한 권총

FP45, 통칭 '리버레이터'를 대량으로 생산해 백만 정 이상을 전역에 뿌렸습니다. 이 총은 강력한 45구경 탄환을 사용했지만 단발만 가능해 연사를 할 수 없었기에, 실제 전투에서는 별 도움이 되지 않았을 것으로 말하는 총기 전문가도 있습니다. 참으로 우스운 지적이지요. 실제 전투에서 이 총의 도움 여부는 애초에 제작자도 신경 쓰지 않았을 겁니다. 중요한 건 '이런 불합리함에 저항하려는 사람은 당신 혼자가 아니다'라는 메시지가 외로운 저항 운동을 강요당하는 레지스탕스들에게 전해졌다는 점입니다. 리버레이터는 말하자면 총이라는 사물을 본뜬 세계로부터의 성원이었던 것입니다.

저 역시 이 책을 통해서 같은 말을 하고 싶습니다. 크리티컬 비즈니스 패러다임을 실천하기 위한 안내서인 이 책이 세상에 널리 알려져, 모순과 부조리로 가득 찬 자본주의 시스템을 해킹해 그 안에서 비판적인 시선으로 사회를 바라보는, 그리고 크리티컬 비즈니스를 실천하는 동료, 활동가가 한 사람이라도 늘어나 준다면 작가로서 더 바랄 게 없습니다.

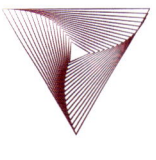

제 1 장

크리티컬 비즈니스 패러다임이란

대체 무슨 일이 일어나고 있는가

2023년 5월 말의 어느 날, 나는 네덜란드의 수도 암스테르담을 방문했다.

네덜란드에서 덴마크로 옮겨 유럽 내에서도 한층 선진적인 지속 가능성에 관한 노력을 추진하는 기업 대표들과의 대화를 통해 '비즈니스의 미래'에 대해 생각해 보자는 것이 투어의 목적이었다.

투어로 방문할 리서치 대상 회사들 중에 2013년 암스테르담에서 창업한 스마트폰 스타트업 페어폰Fairphone이 있었는데, 현재 일본에서는 서비스를 운영하지 않지만 유럽에서는 착실하게 팬층을 형성해 시장에 일정한 존재감을 나타낼 정도로 성장하고 있었다.

말할 것도 없이 스마트폰은 삼성이나 애플 같은 막강한 기업이 각축을 벌이는, 경쟁이 매우 치열한 시장이다. 그러한 시장에 자금력과 브랜드력, 기술력에서도 뒤떨어지는 스타트업이 뛰어들어, 10년간 살아남는 것에 그치지 않고 일정한 존재감을 나타낼 만큼 성장하고 있다는 말이다.[*]

그들은 어떤 가치를 제공했기에 이 치열한 경쟁 시장에서 한 자리를 차지할 수 있었을까?

페어폰이 시장에 제시하고 있는 비전은 '라이프 사이클을 장기화하여 자원, 환경에 관한 부담을 낮춘다'라는 것이다. 기존 스마트폰 기업과의 구체적인 주요 차이점은 다음과 같다.

첫째, 지속 가능한 설계이다. 모듈형 디자인을 채택하여 사용자가 직접 부품을 쉽게 교체하거나 업그레이드할 수 있도록 설계함으로써 제품의 수명 주기를 늘리고 폐기물을 줄이는 데 기여한다.

둘째, 수리 용이성이다. 기존의 많은 스마트폰이 접착제 사용이나 복잡한 구조 등의 이유로 수리가 사실상 불가능한 경우가 대부분인 가운데 사용자가 직접 쉽게 수리할 수 있도록 한다.

셋째, 부품의 원료 공급원과 제조 과정, 비용 구조 등을 공개해 기업의 투명성을 높인다.

---

* 유럽에서 페어폰의 시장 점유율은 확실치 않으나, 페어폰은 2013년 창업 이후 40만 대 이상의 디바이스를 판매하고 있다.

넷째, 공급망 전체에 공정성을 요구한다. 광산 노동자의 권리를 존중하고 분쟁 지역에서의 자원 채굴을 피하도록 노력하는 것이다.

다섯째는 비전과 미션이다. 기업의 목적을 단순히 스마트폰 판매가 아닌, 전자제품의 생산과 소비와 관련된 사회적, 환경적인 문제의 해결에 두고 있다.

이렇게 나열된 페어폰의 방식에서 특이한 점을 발견했는가? 바로, 이 방식들 중에는 마케팅이 매우 중시하는 고객 편익의 향상에 대한 고려가 하나도 없다는 것이다. 모듈형 설계 채택도 라이프 사이클의 연장도 수리 향상도 고객에게 직접적으로 어떠한 편익을 제공하지는 않는다. 말하자면 페어폰은 기존 경쟁업체와 달리 후발주자로서 차별적 우위를 점할 수 있는 고객 편익을 단 하나도 제공하지 않은 채 진입에 성공한 것이다. 정말 놀라운 일이다.

물론 삼성이나 애플 등의 대기업에서도 지속 가능성에 관한 노력은 하고 있지만, 그것에 대한 가치 평가는 페어폰과는 차이가 있다. 애플이나 삼성은 경쟁우위의 형성은 주로 디자인, 기술혁신, 브랜드·마케팅의 강화로 추구된다고 생각하는 반면, 페어폰의 경우 이러한 지속 가능성에 관한 방식 그 자체가 고객을 끌어들이는 요인, 경쟁자 사이에서 경쟁우위를 창각하는 의미를 형성한다고 믿는다.

품질이나 기능이 아니라 철학이 요구되고 있다

페어폰이 신흥 스타트업이었음에도 불구하고 경쟁이 아주 치열한 시장에서 일정한 존재감을 가질 정도로 성장할 수 있었던 이유는 제품의 품질과 기능이 뛰어났기 때문이 아니라, 그들이 기존 비즈니스 관습에 익숙해져 있는 업계와 시장에 그들만의 철학을 바탕으로 크리티컬한 제안을 했기 때문이다. 그들의 비판적 제안에 공감한 사람들 중 페어폰 고객을 중심으로 해서 이해관계자로 모여 페어폰의 제안을 일종의 사회 변혁의 운동으로 승화시킨 것이다.

실제로 페어폰 창업자들은 "우리가 하고 있는 것은 비즈니스라기보다는 '수리할 권리를 되찾는' 사회 운동입니다"라고 인터뷰를 하기도 했다. 그들은 바로 '사회 운동으로서의 비즈니스인 크리티컬 비즈니스'를 운영하고 있는 것이다.

기존에 수리를 검토 중인 사용자가 취할 수 있는 선택지는 '제조사가 인정한 공식 수리 서비스'를 이용하는 것뿐으로, 그 이외의 방법을 이용하면 제품에 따르는 제조사 보증 자체가 사라지는 것이 일반적이었다. 이러한 상황에서는 제조사가 수리 비용을 고액으로 설정할 수 있으며, 그로 인해 수리가 아닌 신제품의 교체로 사용자를 유도할 수 있다. 결과적으로 폐기물은 증가하고 사용자는 부당한 지출을 강요받게 된다.

많은 사람들이 이러한 문제의 존재를 어렴풋이 알아차리고는 있었지만, 상대가 거대한 권력을 지닌 대기업이기 때문에 '하는 수 없다', '원래 그런 거지'라고 포기하며 마지못해 상황을 받아들였다. 그러나 페어폰은 그런 상황에 대해 '이건 비정상적인 상황이다, 수리할 권리를 되찾자'는 사회 운동을 비즈니스라는 형식으로 시작했다.

비전에 고객과 시장의 개념은 포함되지 않는다

페어폰의 제안에는 시장과 고객의 욕구나 요청에 응한다는 관점이 포함되지 않는다. 이는 고전적인 마케팅 이론을 배운 관점에서 보면 매우 당황스러운 상황이지만, 비슷한 상황은 이미 몇 년 전부터 일어나고 있었다. 21세기에 들어와서 크게 존재감을 높이고 있는 회사가 내세우는 비전을 나열해 보면 어떤 기묘한 특징이 있는 것을 깨닫는다.

> 테슬라Tesla - 화석 연료에 의존하는 문명의 존재 방식에 종지부를 찍다.
> 구글Google - 전 세계의 정보를 정리하여 누구나 접근할 수 있게 하다.
> 파타고니아Patagonia - 지구 환경을 보전하기 위해 비즈니스를 영위하다.
> 애플Apple - 인류를 전진시키기 위한 지적 도구를 제공하여 세계

에 기여하다.

에어비앤비Airbnb – 전 세계를 '자신의 거처'로 삼다.

그 특징은 이 기업들이 가진 비전이나 목적이 매우 독선적이며 '고객'이나 '시장'이라고 하는 개념을 전혀 건드리지 않았다는 것이다.

예를 들어 테슬라는 2003년에 창업했는데, 이들은 창업 초기부터 '화석 연료에 의존하는 문명의 존재 방식에 종지부를 찍겠다'는 비전을 내걸었다. 그런데 이 시점은 고객이나 시장으로부터 '가솔린 엔진의 자동차는 싫다', '전기로 움직이는 자동차를 갖고 싶다'와 같은 욕구나 요청이 전혀 존재하지 않았던 때였다.

가솔린의 사용이 환경에 피해를 준다는 사실은 대부분이 알고 있었으나, 마지못해 '어쩔 수 없는 일', '다 그런 것이다' 여기면서 '가솔린 엔진을 계속 사용하는 미래'에 대해 아무런 의문도 품지 않았다.

이야기를 되돌려 다시 말하면, 테슬라는 고전적인 경영학의 정석처럼 시장에 존재하는 잠재적 혹은 표면적인 고객의 불만·불안·불편을 해소함으로써 성장한 것이 아니라, 오히려 누구나가 마지못해 받아들이던 시스템에 대해 전혀 다른 대안의 모습을 내보이며 새로운 문제를 생성함으로써 성장해 왔다.

구글도 마찬가지다. 구글이 '전 세계의 정보를 정리하여 누구나 접근할 수 있는 사회를 만들겠다'라고 선언했을 때 세상에는 이미 많은 검색 엔진이 존재했다. 그리고 많은 사람들은 그 검색 엔진에 다소의 불편함을 느끼면서도 원래 그런 거겠거니 여기며 사용하고 있었다.

오늘날의 성공을 생각하면 좀처럼 상상하기 어려운 일이지만, 구글은 창업 초기에 자금 조달에 상당한 어려움을 겪었던 회사로 벤처캐피털로부터 300회 이상 투자를 거절당했다.

왜 당시 투자가들은 구글 투자에 매력을 느끼지 않았을까?

이유는 명료하다. 그들의 비전에 '고객과 시장이라는 개념이 포함되어 있지 않았기 때문'이다. '전 세계의 정보를 정리해 정보 격차를 없앤다'는 참으로 아름다운 사회 비전이지만, 그렇다면 이를 원하는 고객은 얼마나 될까? 다시 말하지만, 당시 사람들 대부분은 기존의 검색 엔진에 큰 불만이 없었다. 고객이 불만을 품고 있지 않은 시장에서, 더구나 여러 검색 엔진이 레드오션 양상으로 각축을 벌이고 있는 가운데 대형 설비투자를 수반하는 검색 엔진 비즈니스에 투자하여 후발자로 신규 진입하겠다는 의사 결정을 합리화하기란 매우 어려웠을 것이다.

마케팅 이론으로는 설명할 수 없다

고전적인 마케팅 이론에서는 신규 사업을 책정할 때 우선 타깃 고객을 설정하고 그들의 '충족되지 않은 욕구'를 특정하는 데서 시작하는 것을 정석으로 가르친다.

1960년대 이래 비즈니스스쿨에서 마케팅의 정석으로 불리는 필립 코틀러Philip Kotler의 『마케팅 관리론』의 최신판(원서 16판)을 다시 확인해보면, 마케팅 전략은 '타깃 시장의 특정'에서 시작하며, 이 타깃 시장은 '기업이 충족시키고자 하는 니즈를 가진 고객'이 중심이 되고 '같은 욕구를 충족시키고자 하는 경쟁 기업'과의 관계로 설정된다고 나와 있다.

이 책에서 말하는 내용을 앞서 설명한 테슬라와 구글, 애플과 파타고니아의 시장 진입 상황에 비추어 보면, 그들이 얼마나 전략론이나 마케팅 이론의 정석과는 다른 사고방식으로 출발하고 있는지 잘 알 수 있다. 무엇보다도 테슬라나 구글이 충족시키고자 하는 욕구나 니즈를 가지고 있는 고객은 시장 진입 시점에 존재하지 않았기 때문이다. 그러나 이 정석을 벗어난 접근법으로 비즈니스를 시작한 기업이 오늘날 사회에서 큰 존재감을 발휘하고 있다.

시장에 존재하지 않는 문제를 생성하다

이들 기업이 단기간에 비상한 성장을 이룬 이유는 단 하나. 시장에 존재하지 않는 큰 문제를 기업이 생성하는 것에 성공했기 때문이다. 일반적으로 마케팅이나 디자인 씽킹에서는 '시장에 존재하는 문제를 발견'하는 것이 계획 초기 단계에서 중시되는데,

이 기업들은 '새로운 문제를 발견'한 것이 아니라 '새로운 문제를 생성'했다.

그렇다면 그들은 어떻게 시장에 새로운 문제를 생성했을까? '마치 철학자나 아티스트처럼 사회를 비판적, 크리티컬하게 바라보고 생각함으로써' 가능했다. 그들은 그동안 누구나 '당연하잖아', '뭐 어쩔 수 없지'라는 한마디로 끝내왔던 사회의 다양한 사상이나 습관 및 상식을 비판적으로 고찰하고, 현재의 연장선과는 다른 사회의 이상적인 모습을 제시함으로써 시장에 새로운 문제를 만들어냈다.

패러다임의 전환이 일어나고 있다

보편적이고 고전적인 이론으로는 설명할 수 없는 현상이 늘어나는 상황은 '패러다임의 전환'이 가까워졌음을 보여준다. 패러다임의 전환이라는 개념을 처음으로 창안해 낸 과학사학자 토머스 쿤Thomas Kuhn은 패러다임의 전환이 일어나는 흐름에는 일정한 패턴이 있으며, 특히 그 초기 단계에서는 그때까지 보편적인 설명력으로 인정되었던 기존의 패러다임으로는 설명할 수 없는 현상이나 데이터가 증가한다고 지적했다.

이 토머스 쿤의 지적을 근거로 하면 고전적인 경영학이나 마케팅의 패러다임으로는 설명할 수 없는 성공 사례의 빈출은 지금 우리 사회에서 큰 패러다임의 전환이 진행되고 있다는 증거라고 볼 수 있다.

그렇다면 비즈니스에 있어 고전적인 패러다임, 즉 고객의 기존 가치관에 부합하는 편익을 경쟁 기업보다 효율적으로 제공함으로써 매출과 이익의 극대화를 도모한다는 패러다임의 전환 끝에 있는 새로운 패러다임이란 무엇일까?

그게 바로 이 책에서 제시하는 '크리티컬 비즈니스 패러다임'이다. 크리티컬 비즈니스 패러다임에서 기업의 활동은 사회 운동·사회 비평으로서의 측면을 강하게 지닌다. 크리티컬 비즈니스를 실천하는 사람은 사회에서 간과되고 있는 불공정과 불균형을 비판하고 개선하기 위한 행동을 일으키면서 가치를 창조한다.

크리티컬 비즈니스 패러다임에서는 고객을 비롯한 기업 이해관계자의 위치나 역할 또한 기존의 패러다임과는 크게 다르다. 크리티컬 비즈니스 패러다임에서 고객은 욕구를 충족시키는 대상이 아니라 오히려 비판, 계몽의 대상이 되고, 이해관계자는 경제 거래의 대상이 아니라 사회 운동을 함께 담당하는 활동가로 자리매김하게 된다.

요컨대 이 새로운 패러다임에서 기업은 기존의 패러다임과는 전혀 다른 가치관, 우선순위, 사고와 행동 양식, 이해관계자의 사고방식, 프로세스, 실행론으로 운영된다는 말이다.

왜 '크리티컬'인가?

여기서 '크리티컬'이라는 개념에 대해 다시 생각해보자. '크리티컬(critical)'이라는 말은 비판적, 위기적, 결정적이라고 하는, 뉘앙스가 다른 여러 의미를 동시에 지닌다. 왜 이처럼 크게 다른 의미가 하나의 단어에 담겨 있을까? 이유는 어원을 살펴보면 알 수 있다.

영어 'critical'의 어원은 그리스어의 'krinein'으로 '갈림길'을 뜻한다. 말할 필요도 없이 갈림길이란 앞으로 나아가야 할 방향을 결정하는 중요한 지점이다. 그러므로 '결정적'이며, 선택을 잘못하면 목숨을 잃을 수도 있는 '위기적'인 상황이기도 하고, 그러한 상황에서 올바르게 판단하고 선택하기 위해서는 '비판적'으로 생각할 필요가 있다.

이를 거꾸로 말하면 외길을 걸을 때는 크리티컬할 필요가 없다는 의미도 지닌다. 외길을 걸을 때 필요한 것은 어쨌거나 정력적이고 효율적으로 앞으로 나아가기, 고도 경제 성장 시대의 유행어로 말하자면 '맹렬하게 나아가는' 자세가 필요하다.

이런 상황에서 '일단 멈춰 서서 우리가 걷고 있는 길이 정말 옳은지를 생각하는 태도'는 행진의 발걸음을 늦춘다며 기피당했을 것이다. 멈춰 서서 생각하는 사람은 모두에게 뒤처진다, 이것이 '외길 사회'의 특징이다.

그러나 우리는 더 이상 지금까지 걸어온 외길의 연장선상에서 미래를 그릴 수 없다는 것을 이해하고 있다. 우리 사회는 그야말로 '크리티컬 모멘트, 즉 중대한 갈림길에서 비판적으로 사고해야 할 시기'에 와 있다.

기존 세계에서 사회 본연의 자세에 대해 비판적인 시선을 보내며 시대마다 경종을 울리던 사람은 주로 철학자나 아티스트였다. 그들은 각자 살아온 시대에 누구나 당연하다고 믿어 의심치 않았던 개념과 사회의 모습에 비판적인 시선을 보내며 현 상황의 연장선상에는 없는 미래, 누구도 그 시점에서 생각하지 못했던 미래상을 제시해 왔다.

그리고 지금, 이러한 사고방식이 비즈니스에 종사하는 사람들에게도 요구된다. 모두가 당연하게 여기며 의심하지 않았던 사회의 상황을 비판적인 시선으로 고찰한다고 하는, 본래 철학자나 아티스트가 해오던 일이 크리티컬 비즈니스의 이니셔티브를 취하는 리더에게는 필요하기 때문이다.

크리티컬 비즈니스와 어퍼머티브 비즈니스의 차이

크리티컬 비즈니스 패러다임의 이해를 더 높이기 위해 '크리티컬 비즈니스란 무엇인가?'를 뒤집어서 '크리티컬 비즈니스란 무엇이 아닌가?'라는 물음으로 생각해보자.

먼저 생각해야 할 것은 '비판적, 크리티컬'의 반대말은 무엇인가? 하는 논점이다. 앞서 설명한 바와 같이 '크리티컬'이라는 말에는 다양한 의미가 있기 때문에 어떤 의미에 주목하느냐에 따라 반대되는 말이 다르나, 기존의 가치관이나 상식으로 여겨져 온 개념들에 대해 '비판적인 것'을 이 책에서 말하는 '크리티컬한 것'의 중심적인 의미라고 한다면 반대되는 말은 '긍정적인 것', 즉 '어퍼머티브(Affirmative)'가 된다.

따라서 '크리티컬 비즈니스'의 반대말은 '어퍼머티브 비즈니스'가 된다. 이는 기존 가치관의 연장선상에서 가치를 정립하고 고객의 목소리에 귀를 기울이면서 기존 시스템의 틀 안에서 생각하며 실천하는 비즈니스, 다시 말해 우리가 지금까지 실천해 온 비즈니스의 거의 전부이다.

그러나 현재 세계가 안고 있는 문제 대부분이 경제 활동, 그중에서도 기업에 의해 발생되고 있는 것을 생각하면 어퍼머티브 비즈니스 패러다임의 지속 가능성이 영원하지 않을 거라는 사실은 분명하다. 구체적으로 어퍼머티브 비즈니스 패러다임이 왜 지속 가능하지 않은가? 하는 논점에 관해서는 제4장에서 다시 이야기하겠지만, 여기에서는 우선 크리티컬 비즈니스 패러다임과 어퍼머티브 비즈니스 패러다임 사이에 어떤 원리적인 차이가 있는지를 간단히 밝혀두겠다.

어퍼머티브 비즈니스 패러다임은 투자가, 고객, 거래처, 직원 등 이해관계자의 기존 가치관과 욕망을 긍정적으로 수용하고 그들의 이득을 극대화함으로써 자신의 기업가치 극대화를 지향하는 비즈니스 패러다임이다.

반면 크리티컬 비즈니스 패러다임은 투자가, 고객, 거래처, 직원 등 이해관계자의 가치관을 비판적으로 고찰하고 지금까지와는 다른 대안을 제안함으로써 사회에 가치관 업데이트를 일으키는 것을 목표로 하는 비즈니스 패러다임인 것이다.

즉, 둘의 결정적인 차이는 오랫동안 우리 사회의 지배적인 패러다임이었던 어퍼머티브 비즈니스 패러다임에서의 시장 기회가 '개인적인 욕구와 요구에 뿌리를 두고 개인적으로 발견되는 것'인 반면, 크리티컬 비즈니스 패러다임에서 시장 기회란 '사회적인 요청과 공감에 뿌리를 두고 집합적으로 만들어지는 것'이라는 점이다.

왜 '비즈니스'인가?

여기까지 읽은 독자 중에는 다음과 같이 생각하는 사람도 있을 것이다.

확실히 이런 사회에서 크리티컬한 정신을 수반한 사회 운동은 필요하다. 하지만 그렇다면 그야말로 '사회 운동·사회 비판'을 밀어붙이면 되지, 왜 '사회 운동·사회 비판의 측면을 가진 비즈니스'를 밀어붙여야 하는가? 하고 말이다.

이 질문에 대한 내 대답은 아주 간단하다. 비즈니스에는 매우 큰 '사회 변혁의 힘'이 있기 때문이다.

이 책은 최근 부정적으로 여겨지기 쉬운 '비즈니스라는 행위'에 대해서 긍정적인 빛을 비추고 있다. 이유는 단순한데 비즈니스에는 매우 큰 사회 변화의 힘이 있기 때문이다.

우리 사회는 지난 150년 동안 많은 발전을 이루었다. 평균 수명은 거의 두 배가 되었고, 영아 사망률은 100분의 1로 떨어졌으며, 교육 보급의 진행과 수많은 치명적 질병에 특효약이 개발되고, 의·식·주에 관한 표준이 대폭 개선되어 수많은 사람이 기본적인 물질적 요구를 충족하며 살 수 있게 되었다. 이러한 성취 대부분이 비즈니스를 통한 생산성 개선, 혁신으로 실현되고 있음을 결코 잊어서는 안 된다.

비즈니스가 지닌 잠재력은 헤아릴 수 없다. 단순한 상품이나 서비스를 제공하는 수단 이상으로 우리의 생활과 가치관, 사회 본연의 모습에 큰 영향을 미친다. 그러므로 나는 비즈니스가 지닌 이 힘을 사회적인 과제나 문제점 해결에 활용하는 것이 좋다고 본다.

비즈니스가 가진 힘에 대해서 파타고니아 창업자인 이본 쉬나드Yvon Chouinard는 이렇게 말했다.

> 나는 사업가를 종종 쓰레기로 치부하는 경향으로 인해, 내가 사업가라는 사실을 인정하기 부끄러워할 때가 있다. 그러나 한편으로는 사업가가 지닌 노하우의 일부는 많은 활동가들이 참조할 수

있는 기술임을 실감할 때도 있다.

– 이본 쉬나드, 『환경운동의 11가지 도구들』

어떤가? 이본의 이 말에는 관념적인 이데올로기에 얽매이기보다 '도움이 되느냐 안 되느냐'를 중시하는 미국식 실용주의 철학의 좋은 면이 드러나 보인다. 그렇다, 이본 쉬나드의 말처럼 확실히 비즈니스 세계에서 개발된 많은 기술과 개념은 사회 운동 활동가들에게도 유용하다. 비즈니스에는 사회를 바꾸는 엄청난 힘이 있다. 그러나 이 말은 반대로 비즈니스에는 사회와 세계를 '나쁜 방향으로 변화하는 힘이 헤아릴 수 없이 많다'라는 뜻이기도 하다.

교양 없는 사업가는 문명을 위협하는 존재

엘리트 경영자의 교육 기관으로 유명한 미국의 아스펜 연구소 설립의 계기가 된 1949년 국제 콘퍼런스 '괴테 탄생 200주년 기념회'에서 발기인 중 한 명인 당시 시카고 대학 총장 로버트 허친스Robert Maynard Hutchins는 리더에게 철학적 소양이 요구되는 이유에 대해 다음과 같이 말했다.

교양 없는 전문가야말로 우리의 문명을 가장 위협하는 존재다. 전문화와 세분화, 직능주의, 효율주의, 단기 이익주의 등의 끊임

없는 추구로 인해 잃어가는 인간의 기본적 가치를 재구축하기 위해 우리에게는 지금이야말로 교양이 필요하다.

사회에 큰 영향을 미칠 비즈니스를 관장하는 리더가 교양이 없는 것은 우리 문명에 최대의 위협이라고 허친스는 지적했다. 지금만큼 허친스의 이 경종이 묵직하게 울려 퍼지는 시대도 없다. 우리는 비즈니스가 가진 극악적인 측면에 대해 근본적으로 고민해 보아야 한다.

기업 커뮤니케이션 활동의 중요성

보통 일본에서 연간 사용되는 광고 예산은 7조 엔 정도 된다. 반면 정부의 홍보 예산은 약 100억~200억 엔 정도로 두 자릿수 정도의 차이가 난다. 이는 기업이 진행하는 광고 활동은 정부의 홍보와는 비교할 수 없을 정도로 사회에 영향을 미치는 힘이 크다는 말이다. 따라서 기업이 하는 마케팅 커뮤니케이션의 내용 여하에 따라 사회 전체가 발전할 수도, 우민화될 수도 있다.

예로, 1960년대에 미국에서 전개된 폭스바겐사의 'Think Small' 캠페인은 '자동차는 클수록 좋다'로 여기던 미국 시장에 '필요하고 최소한의 것이 지닌 장점'에 대해 생각해보자,라는 크리티컬하고 역설적인 마케팅 커뮤니케이션의 메시지를 던졌다. 이로 인해 자동차의 비대화가 멈추지 않던 사회에 소형차를 받아들일 여지를 만들었다.

그리고 실제로 현재 사회로 눈을 돌리면, 최근 20년 정도의 환경 문제에 대한 의식 고조는 정부의 커뮤니케이션보다 재빨리 문제의식을 가진 기업 마케팅 커뮤니케이션의 시장 교육이 크게 기여하고 있다.

이렇게 생각해보면, 오히려 오늘날의 사회에서는 공공 미디어에 의한 보도나 저널리즘보다도 사적인 기업의 마케팅 커뮤니케이션이 사회 변화의 큰 역할을 담당하고 있다고 봐야 할지도 모른다.

미국의 언어학자 노암 촘스키Noam Chomsky가 저서 『매뉴팩처링 콘센트(Manufacturing Consent)』에서 지적한 바와 같이, 만약 현재의 미디어가 본래의 역할인 사회 비판, 정치 비판이라는 역할에서 벗어나 대기업과 정부의 이익을 증대시키기 위한 홍보 기계로 전락했다면, 정치적 압력에서 자유로운 정보 공간, 즉 사적 기업의 커뮤니케이션 영역이 날카로운 사회 운동, 사회 비판과 관련된 메시지 발신의 역할을 담당해야 한다는 것이다.

이러한 요청은 현실의 변화로 이미 표면화되었다. 선명하게 남아 있는 기억으로는 전 트럼프 정권이 불합리한 이민 정책을 내놓았을 때 애플과 파타고니아는 즉시 이를 비판하는 메시지를 던졌고, 파리 협정 탈퇴에 대해서는 골드만삭스와 마이크로소프트가 이를 비판하는 메시지를 발신했다.

과거의 사회 운동에서 커뮤니케이션은 항상 크리티컬한 역할을 해왔다. 이를테면 폴란드의 민주화를 이끈 솔리다르노시치 운동 때는 사람들이 지하 라디오 방송국이 내보내는 메시지를 통해 연대하며 끈질긴 저항 운동을 전개했다. 그리고 오늘날 과학 기술의 진화로 기업은 자신의 이념과 가치관을 사회로 발신하는 일이 그 어느 시대보다 수월해졌다. 그렇다면 비즈니스에 종사하는 사람들에게는 그 영향력에 걸맞은 식견과 교양, 즉 '크리티컬한 자세'가 요구된다.

비즈니스에는 사회를 변화시키는 큰 힘이 있으며, 사회 문제를 해결하는 데 이 비즈니스가 가지는 힘을 활용하지 않을 수는 없다. 그렇기에 사회 운동·사회 비판 측면을 강하게 가지는 비즈니스, 즉 크리티컬 비즈니스가 요구되는 것이다.

이른바 소셜 비즈니스와의 차이

여기까지 읽은 독자 중에는 '당신이 말하는 크리티컬 비즈니스란 요컨대 소셜 비즈니스를 말하는 거 아닌가? 왜 이제 와서 혼란스럽게 새로운 용어를 꺼내는 거지?'라고 생각한 사람도 있을 것이다. 이는 매우 정상적인 당혹감이다. 그렇지만 둘에는 큰 차이가 있는데, 어떤 의미에서는 정반대라고 해도 좋을 만큼의 중대한 차이가 있다는 점을 여기서 설명하고자 한다.

소셜 비즈니스도 크리티컬 비즈니스도, 어떠한 사회적 과제를 어젠다로 삼아 그 해결을 목표로 한다는 점에서는 같다. 그렇다면 뭐가 다를까?

기존의 소셜 비즈니스가 이미 다수의 합의가 이루어진 어젠다와 손을 맞잡는 것과는 대조적으로, 크리티컬 비즈니스는 운동을 시작하는 시점에서는 반드시 다수의 합의가 이루어지지 않은 어젠다와 손을 잡는다는 것이 큰 차이다.

이 점이 내가 이 책의 부제로 '사회 운동과 비즈니스가 교차하는 지점'을 붙인 이유다.

사회 운동은 보통 어느 시점에서 다수가 아직은 문제를 인식하지 못한 상태에서 소수가 비판적으로 고찰하며 사회를 향해서 그 문제를 제기하는 것으로 시작한다. 즉 사회 운동은 원리적으로 반드시 '소수로부터 시작된다'는 말이다.

그동안 다수의 사람들에게는 의식되지 않았던 문제가 크리티컬 비즈니스 활동가에 의해 발견되고 비판되면서 비로소 '듣고 보니 정말 그렇네. 지금까지 당연하게 여겼는데, 이것은 간과할 수 없는 문제다'라고 느끼는 사람이 늘어나면서 크리티컬 비즈니스는 운동으로서 이륙할 수 있다. 즉 '소수인 것'이야말로 크리티컬 비즈니스의 핵심을 이루는 요소라는 의미다.

그런데 이 부분이 어렵다. 다수의 합의가 아직 이루어지지 않은 어젠다를 내세우는 데는 큰 용기가 필요하고, 심지어 그런 어젠다에 찬성을 표명하고 팔로워로 참여하는 것은 항상 비웃음,

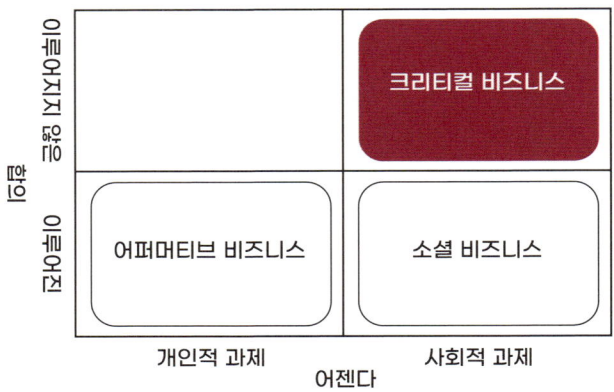

도표1 소셜 비즈니스와 크리티컬 비즈니스의 차이

비판, 배척의 대상이 될 위험성을 내포하기 때문이다. 크리티컬 비즈니스를 사회가 만들어 나갈 수 있을지 어떨지는 해당 비즈니스의 운영에 요구되는 지식이나 능력, 자금보다도 먼저 그 사회를 구성하는 개개인의 '용기의 유무'가 중요하다.

대조적으로 이미 다수의 합의가 이루어진 어젠다를 내세우는 일은 참으로 손쉽다. 현재 우리 사회에서 다수의 합의된 어젠다라고 하면 우선 SDGs(지속 가능 발전 목표-옮긴이)를 말하는데, 애초에 다수의 합의가 이루어진 어젠다라면 추진력은 이미 발생했을 것이므로, 이 어젠다를 소리 높여 내세우는 의의는 그리 크지 않다. 솔직히 말하자면 그 어젠다가 소수의 것이었을 때는 가만히 있다가 다수의 합의가 이루어지자마자 거기에 붙어 소리 높여 주장하는 것은 정말이지 촌스러운 행동이다. 정말로 생각해야 할 것은 'SDGs의 17가지 어젠다에 대해서는 모두가 동의한다. 그러면 당신은 18번째로 무엇을 내세우고 싶은가?'라는 것이다.

소수의 중요성

페이팔PayPal 창업자 중 한 명이자 페이스북(현 메타)을 비롯한 스타트업에 초기 투자를 한 전설의 기업가이자 투자가인 피터 틸Peter Thiel은 면접 때 다음과 같은 취지의 질문을 자주 하는 것으로 알려져 있다.

> 세계에 관한 어젠다 중 많은 사람들이 인정하지 않지만 당신 자신이 중요하게 여기는 어젠다는 무엇인가?

자못 철학과 출신답다는 생각이 드는 질문이지만, 앞에서 설명한 이해를 바탕으로 하면 질문의 진의를 충분히 알 수 있다. 피터 틸은 바로 다수가 합의되지 않은 어젠다, 즉 '크리티컬 비즈니스 어젠다'에 대해 질문하고 있는 것이다.

왜 피터 틸은 '소수'를 중시할까? 그것이 경쟁우위를 형성하는 데 있어 매우 중요한 포인트이기 때문이다. 소수의 어젠다에 임한다는 것은 '미개척 시장에 선행자로 뛰어든다'는 것을 의미한다. 한편 다수의 어젠다, 틸의 말을 빌리면 '많은 사람들이 이미 인정하고 있는' 어젠다에 임한다는 것은 '선행자가 있는 시장에 후발주자로 뛰어든다'는 것을 의미한다.

여기서 중요한 논점은 '어젠다가 사회적이냐 아니냐'가 아니라 '그 어젠다가 소수의 것이냐 아니냐'이다. 그래서 나는 '소셜 비즈니스'와 '크리티컬 비즈니스'를 구분해서 생각하는 것이다.

다수의 합의가 이루어진 어젠다에 임한다는 것은 '경쟁 과다한 시장에 후발주자로 진입한다'를 의미한다. 사회 다수의 합의된 어젠다는 이미 해결을 향한 대응이 세계 곳곳에서 진행되고 있다. 그 어젠다에 관해 후발주자의 핸디캡을 뒤집을 수 있는 획기적이고 독특한 해결책이 있다면 모를까, 비즈니스 측면에서는 그다지 매력적인 옵션이라고는 할 수 없다. 레드오션 시장에 별다른 차별적 우위도 없이 후발주자로 뛰어든다는 것은 최악의 전략이라고 볼 수밖에 없다.

브랜딩이란 어젠다의 깃발 뺏기 싸움

다수의 어젠다에 줄을 선다는 것은 브랜딩이라는 관점에서도 문제가 있다. 브랜딩이란 '어젠다의 깃발 뺏기 싸움'을 말하며, 깃발을 선점했다는 것은 '최초로 그 어젠다를 내세운 사람이나 조직'을 뜻하기 때문이다.

예를 들어 워크숍이나 콘퍼런스에서 '전기차를 만드는 회사는?'이라고 질문하면 대다수가 '테슬라'라고 대답한다. 오늘날 전기 자동차를 만드는 자동차 회사는 많지만 다른 회사의 이름이 거론되는 일은 별로 없다.

마찬가지로 '환경 문제에 의식이 높은 회사는?' 하고 질문하면 대다수가 '파타고니아'라고 대답한다. 이 또한 마찬가지로 오늘날 환경 문제를 해결하기 위해 노력하고 있는 기업은 많지만 다른 기업의 이름이 거론되는 경우는 별로 없다.

이와 비슷한 사실은 역사를 돌아봐도 확인할 수 있다. 대서양 단독 무착륙 비행에 최초로 성공한 사람이 찰스 린드버그Charles Lindbergh라는 건 누구나 알고 있지만 두 번째로 성공한 인물이 버트 힝클러Bert Hinkler라는 사실은, 그의 비행이 린드버그의 비행보다 더 빠른 속도와 낮은 연비였음에도 불구하고 전혀 알려지지 않았다.

마찬가지로 에베레스트를 최초로 오른 에드먼드 힐러리Edmund Percival Hillary, 남극점에 최초로 도달한 로알 아문센Roald Amundsen, 페니실린을 발명한 알렉산더 플레밍Alexander Fleming, DNA의 구조를 밝혀낸 왓슨James Dewey Watson과 크릭Francis Crick 같은 사람의 이름은 누구나 알고 있지만, 이러한 어젠다에 두 번째로 큰 공헌을 한 사람은 그 공헌에 상응하는 사회적 지명도가 주어지지 않고 있다.

사회적 성공과 순서는 뚜렷한 대칭성을 이룬다. 첫 번째는 큰 사회적 성공과 평가가 주어지지만, 설령 능률이 더 뛰어나더라도 두 번째, 2등은 한참 못 미치는 성공과 평가밖에 받지 못한다.

이러한 경향에 대해 공정이나 공평이라는 관점에서 옳고 그름을 운운해도 별수 없다. 사회의 실제 변화를 목표로 하는 활동가라면 이러한 사회의 특성을 고려하는 실용적인 접근법을 생각해야 할 것이다.

다수의 어젠다 뒤에 서는 것은 선행 기업을 키우는 것

그리고 이미 합의가 이루어진 어젠다 뒤에 서서 목소리를 높이는 것은 자사의 자원 낭비에다가 그 어젠다를 선행한 기업인 어젠다 홀더의 '의미적 가치의 자산'만 늘려주는 꼴임을 여기서 지적하고 싶다.

오늘날 세계에서 의미적 가치는 사활적으로 중요한 문제가 되고 있다. 미국 S&P500 기업의 시가 총액 90% 이상은 이미 무형자산이다. 한편 일본 기업을 확인해보면 30% 정도에 불과하다. 1989년 버블 경제 막바지에 일본 기업은 시가 총액 세계 랭킹의 상위를 독점하고 있었지만, 그 후 쇠락해 현재는 상위 50사 목록에 도요타 자동차 한 회사만이 간신히 남아 있다.

이 차이는 전적으로 지난 30년 동안 무형자산을 형성하는 데 일본 기업이 실패했다는 말인데, 그 큰 요인의 하나로서 '크리티컬한 어젠다를 최초로 내세우지 않았다'라는 것을 들 수 있다.

오늘날 일본에는 이미 다수의 합의가 이루어진 소셜 어젠다에 몰두하며 소리 높여 떠드는 기업이 많지만, 이러한 커뮤니케이션을 통해 수익을 올리는 쪽은 소리 높여 선전하고 있는 해당 기업보다 그 어젠다를 초반에 내세운 기업, 즉 어젠다 홀더임을 의식해야 한다. 이러한 기업은 자사의 경영 자원을 사용해 경쟁사의 무형자산을 늘리는 데 부지런히 매진하고 있다는 말이다.

뒤에서 말하겠지만 크리티컬 비즈니스에서의 경쟁 기업은 어퍼머티브 비즈니스에서와는 달리 같은 소셜 어젠다의 해결을 목표로 하는 동지라는 측면이 있기에, 이미 타사에 지배적인 포지션을 뺏긴 어젠다의 중요성을 높이는 것이 전혀 헛수고라고 여기지는 않는다.

그러나 이 점을 의식하지 않고 오로지 다수의 합의가 이루어진 어젠다만 계속 내세운다면 소비한 커뮤니케이션 비용에 합당한 '의미적 가치'는 재무상태표에 계산되지 않고, 오히려 '항상 유행하는 어젠다 뒤에 서 있는 기업'이라는 매우 유감스러운 이미지만 남기게 될 것이다.

'문제'는 어떻게 생기는가

앞에서 말했듯이 지금까지 사회의 다수에게 인정받지 못했던 문제를 제기해 많은 사람을 일깨움으로써 크리티컬 비즈니스는 일어난다. 자, 여기서부터가 중요 포인트다. '지금껏 다수의 사람에게는 문제가 아니었던 것이 문제가 된다'라는 것은 어떤 의미일까? 문제의 정의로 돌아가 생각해보자.

문제란 '이상적 모습과 현재 상황의 갭'으로 정의된다. 그래서

도표2 '문제가 없다'와 '문제가 있다'의 차이

'이상적 모습'이 확정되지 않아 '문제'도 생성되지 않는다

'이상적 모습'과 '현재 상태'의 차이로 '문제'가 생성된다

'지금까지 문제가 되지 않았던 것이 문제가 된다'라는 것은 현재 상황을 의심하지 않고 지금껏 당연하게 받아들이던 사람이 어느 날 눈앞의 현상과는 다른 '이상적 모습'을 상상하게 되었을 때 비로소 생겨난다는 말이다.

[도표2]를 보자. '문제가 없는' 상태에서는 현재 상태(As Is)와 대조되는 이상적 모습(To Be)이 모호하거나 존재하지 않기 때문에 갭을 확정할 수 없어 문제(Agenda)가 생성되지 않는다.

한편 '문제가 있는' 상태에서는 현재 상황과 대조되는 이상적 모습이 명확하기 때문에 갭이 확정되어 '문제'가 생성된다. 양쪽의 '현재 상황'에는 변화가 없다는 점에 주의하도록.

이것이 무엇을 의미하냐면 '문제가 없는 상황'과 '문제가 있는 상황' 사이에서 사실 '현재 상황' 자체에 차이가 있는 것은 아니라는 말이다. 자주 착각하는 부분인데 매우 중요한 포인트이니 확실하게 파악하길 바란다.

왜 디자인 씽킹은 큰 성과를 남기지 못했을까

많은 사람들의 생각과 달리 사실, 문제는 현재 상황 속에 내재되어 있는 것이 아니다. 그러므로 아무리 현재 상황을 자세히 관찰해봤자 거기서 문제를 발견할 수는 없다. 문제라는 것은 원래부터 어딘가에 있어서 발견되는 것이 아니라 우리가 인지적으로 '새롭게 생성하는 것'이다.

한때 그토록 떠들썩했던 디자인 씽킹이 그에 걸맞은 임팩트를 남기지 못한 이유가 바로 여기에 있었다고 본다. 디자인 씽킹은 방법론으로서 첫 단계로 '현장에 가서 사용자가 안고 있는 문제나 과제를 실제로 체험한다'를 제안하는데, 이 접근법을 계속해서 채택하는 한 사용자 체험에 내재된 기존의 문제만 파악할 수 있을 뿐, 새로운 문제를 인지적으로 생성하는 것은 원리적으로 불가능하다.

이 부분에 관해서는 나중에 다시 말하겠지만, 자본주의는 '시장에 존재하는 큰 문제'부터 차례로 해결해 나가기 때문에 '고객의 체험에 내재하는 기존의 문제'에만 대처하는 디자인 씽킹의 틀을 이용하는 한, 숙명적으로 시간이 흐를수록 사소한 어젠다에 매달릴 수밖에 없다. 디자인 씽킹이 그다지 임팩트를 남기지 못한 데는 구조적인 원인이 있다는 말이다.

혹시 몰라 덧붙이자면, 디자인 씽킹이 주장하는 신속한 프로토타이핑Rapid Prototyping이나 조기 시장 테스트와 같은 개별 콘셉트에는 높은 유효성이 있는데, 나는 특히 과잉 계획에 빠지는 경향이 있는 일본 기업은 이를 적극적으로 활용해야 한다고 생각한다. 다만 '크리티컬한 어젠다 생성'이라는 관점에서 보면 사용자 체험의 내부에서 시작점을 찾는 디자인 씽킹 접근법에는 원리적인 한계가 있었다고 본다.

모든 문제는 존재하지 않는다

우리 눈앞의 현재 상황이 아무리 부정적으로 보이더라도 그 상황과 대치되는 '이상적 모습'을 구상하지 못하면 거기에 문제는 존재하지 않는다. 즉 '우리가 인지적으로 생성하지 않으면 모든 문제는 존재하지 않는다'라는 말이다.

이런 사고방식이 이상하게 비칠 수 있지만 소설이나 희곡에서는 비슷한 사고방식을 하는 인물이 종종 등장한다. 이를테면 볼테르의 소설 『캉디드』에 등장하는 철학자 팡그로스는 '세상은 항상 최선의 상태에 있다'는 신조를 고수한다. 팡그로스에게는 '세상에는 아무런 문제가 없다'라는 의미다. 세상의 모습은 신의 뜻에 근거하고 있으므로 다른 모습은 생각할 수 없기 때문이다.

사람이 무언가에 대해 '문제다'라고 선언할 때 거기에는 반드시 그것을 지적하는 사람이 생각하는 '이상적 모습'이 전제돼 있다. 이는 문제에는 항상 그것을 문제라고 지적하는 사람의 '실존'이 크게 반영된다는 말이다. 처음에는 팡그로스를 스승으로 숭배하던 캉디드였지만, 마침내 그 이상주의의 무모함을 깨달아 관계를 끊고 '자기 머리'로 생각하기 시작한다. 캉디드의 마지막 대사 '그러나 내 밭을 일구지 않으면 안 된다'라는 말에서 캉디드의 의지와 각오가 잘 드러난다.

크리티컬 비즈니스의 이니셔티브는 반드시 새로운 문제를 제기하는데, 이 문제는 관찰을 통해 새롭게 발견되는 것이 아니라 많은 사람들이 당연하게 여기며 받아들이고 있던 사상이 비판적으로 고찰되고 현재와는 다른 이상적 모습이 제시되어야 비로소 생성된다. 따라서 크리티컬 비즈니스가 시작되는 과정에서 고객을 비롯한 이해관계자에게는 반드시 어떠한 가치관과 세계관의 전환이 일어나기 마련이다.

정리하면 소셜 비즈니스가 이미 합의가 이루어진 어젠다에 몰두하는 데 반해 크리티컬 비즈니스는 반드시 다수의 합의가 이루어지지 않은 어젠다를 다룬다는 것이 큰 차이다. 많은 사람들이 '그런 거지', '어쩔 수 없다'로 여기며 받아들이고 있는 현재 상황을 비판적으로 고찰하고 현재와는 다른 '이상적 모습'을 제시함으로써 많은 사람들이 공감하는 '새로운 문제'를 생성해 비즈니스를 창출하는 것이 크리티컬 비즈니스다.

제 2 장

크리티컬 비즈니스를 둘러싼 기업의 이해관계자

크리티컬 비즈니스 패러다임의 고객

여기서부터는 더 깊이 들어가 크리티컬 비즈니스가 기존의 어퍼머티브 비즈니스와는 어떻게 다른지 비즈니스를 구성하는 개별 요소에 대해 살펴보기로 한다. 먼저 '고객'부터.

크리티컬 비즈니스 패러다임에서 고객의 위치는 어퍼머티브 비즈니스 패러다임에서의 위치와는 크게 다르다. 구체적으로 어떤 점이 다를까? 다음의 두 가지가 큰 차이점이다.

첫째, 크리티컬 비즈니스 패러다임에서 고객은 비판과 계몽의 대상이 된다.

둘째, 크리티컬 비즈니스 패러다임에서 고객은 사회 운동의 파트너가 된다.

순서대로 살펴보자.

크리티컬 비즈니스에서 고객은 비판과 계몽의 대상이 된다

첫 번째 차이점으로는 어퍼머티브 비즈니스에서 전면적인 긍정의 대상이 되는 고객이 크리티컬 비즈니스에서는 비판과 계몽의 대상이 된다는 점이다.

어퍼머티브 비즈니스 패러다임에서 고객의 욕구는 전적으로 긍정의 대상이 된다. 기업 간의 경쟁은 고객의 욕구를 얼마나 정밀하게 파악하고 그것을 효과적으로 충족시킬 수 있는지에 달렸다. 마케팅 시장 조사의 다양한 기술은 그러한 요청에 따라 개발되고 단련되어 온 역사적인 배경이 있다.

그러나 여기에 큰 문제가 있다. 욕구 수준이 낮은 시장에서 어퍼머티브 비즈니스를 전면적으로 추진하면 결과적으로 비즈니스가 낳는 사회 문제를 한층 더 확대 및 재생산시킨다. 이는 이미 『비즈니스의 미래』에서도 지적한 내용이지만, 기본적인 니즈가 충족된 사회에서의 소비는 사회적인 지위를 다른 사람에게 과시하기 위한 기호의 의미를 크게 가진다. 그러한 사회에서 '남보다 우월해지고 싶다'라는 사람들의 욕구를 기업이 긍정적으로 받아들이고, 이를 충족시키기 위해 전력을 다한다면 무슨 일이 일어날지는 쉽게 상상이 갈 것이다.

왜 자동차는 '크고 무겁고 시끄러운'가

자동차 시장을 예로 들면, '안전하고 쾌적하고 편리하게 이동

한다'라는 기본적인 니즈와 동떨어져 거리에서 화려하게, 타인보다 경제적, 사회적으로 우위에 있다는 것을 과시하고 싶다는 욕망으로 무조건 '크고, 무겁고, 시끄럽고, 화려하게'가 요구될 것이다. 실제로 지난 30년간 자동차는 비대화의 길을 걸어왔다. 본래 엔지니어링이란 진화하면서 '가볍고, 작고, 조용하게'가 되어야 하는데, 최근 수십 년간 자동차는 전반적으로 정반대의 방향으로 발전해 왔다.

물론 안전 대책에 관한 규제 강화를 위한 대응이라는 측면이 있다는 것은 인정한다. 그러나 만약 안전을 제일로 생각한다면 '출력을 낮춘다', '속도를 늦춘다'라는 접근법을 가장 먼저 생각할 텐데, 이 접근법은 전혀 채택되지 않고 트렌드는 오히려 정반대로, 최고 출력이나 최고 시속은 높아질 뿐 멈출 기미가 없다. 표면상의 이유야 얼마든지 나오겠지만, 진짜 이유는 단순히 '그렇게 하지 않으면 안 팔리니까', '그것을 원하는 고객이 있기 때문에'이다.

그러나 이러한 욕구에 끝없이 대응해 나가는 것은 기후변화나 자원, 혹은 도시에서 자전거 등의 지속 가능한 모빌리티와의 공생이 이미 큰 문제가 되고 있는 세계에서는 더 이상 받아들일 수 없지 않을까?

감각이 떨어지는 고객을 상대하면 감각적으로 떨어진 상품이 나온다

환경 윤리 이외의 문제도 있다. 예를 들어 미적 감각이라는 것은 누구에게나 갖추어져 있는 것이 아니라 일정한 경험과 교육과 환경이 주어지지 않으면 자랄 수 없는 측면을 가진다. 따라서 높은 수준의 미적 감각을 지닌 사람이 반드시 사회의 다수에 속하지는 않는다.

이러한 사회에서 시장 다수의 욕구를 정밀하게 스캔하여 상품화하는 어퍼머티브 비즈니스 패러다임을 실천하면 어떤 일이 벌어질까? 당연한 결론으로 세상은 평범한 미적 감각밖에 없는 사람들의 미적 감각을 반영한 것들로 넘쳐나게 된다.

이 문제에 대해 디자이너 하라 켄야原研哉는 다음과 같이 지적하고 있다.

> 감각이 뒤떨어진 나라에서 정밀한 마케팅을 한다면 감각적으로 뒤떨어진 상품이 만들어지지만 그 나라에서는 잘 팔린다. 감각이 좋은 나라에서 정밀한 마케팅을 하면 감각적으로 뛰어난 상품이 만들어지고 그 나라에서도 잘 팔린다. 상품의 유통이 세계적 규모로 진행되지 않는 한 이것은 이것대로 별문제가 없겠지만, 감각이 뒤떨어진 나라에 감각적으로 앞선 나라의 상품이 들어오면 그 나라 사람들은 들어온 상품에 자극받아 눈이 트여 타지에서

온 상품에 욕망을 품게 될 것이다. 그러나 그 반대의 경우는 발생하지 않는다. …… 여기에 전체를 그려보는 단서가 있다고 나는 생각한다. 즉 문제는 마케팅의 정밀성에 달린 것이 아니다. 그 기업이 진출하는 시장의 욕망이 얼마나 높은 수준으로 유지되고 있는지를 항시 주시하면서 그에 맞는 전략을 마련하지 않는다면, 그 기업의 상품이 인기를 얻기는 불가능하다.
- 하라 켄야, 『디자인의 디자인』

하라 켄야는 여기서 '시장의 욕망 수준을 얼마나 높은 수준으로 유지하는가'라는 논점을 세우고 있다. 시장의 욕구 수준을 긍정적으로 받아들이고 그것에 아첨하는 것이 아니라 욕구 수준에 비판적인 입장을 취하면서 오히려 그 수준을 높이는 비판과 계몽을 통해 '시장의 욕구 수준을 교육하는 것'이 필요하다고 말한다.

결론적으로 정리하면, 어퍼머티브 비즈니스 패러다임으로 고객의 느슨한 니즈나 욕구에 계속해서 순응한다면 결국 사회 전체의 풍경이 느슨한 방향으로 끌려가고, 이는 또한 그 시장의 글로벌 경쟁력 상실로도 이어진다. 그러므로 현재 우리는 고객의 미적, 윤리적 감성을 끌어올릴 수 있는 크리티컬 비즈니스 패러다임이 필요하다.

우리 사회는 사람들의 몸과 마음을 소모하고 지구 환경에 막대한 부담을 주면서 매일 방대한 양의 물품을 세상에 내보내고 있는데, 이러한 물건들 중에 우리가 정말로 '다음 세대에게 꼭 넘겨주고 싶다, 우리가 이런 것을 만들었다고 자랑스럽게 전하고 싶다'라는 생각이 드는 물건을 만들어내고 있는지에 대해 크리티컬하게 생각할 필요가 있다.

이런 문제의식 없이 매일 미의식도 윤리관도 없는 대중의 욕구에 느슨하게 순응한 상태로 만들어진 상품들이 사회의 풍경을 구성하게 된다면, 아이들이 그 상품들을 일상적으로 접함으로써 감성은 더욱 느슨한 방향으로 교육되며, 미적 감각의 사회적 표준은 장기적으로 엉망이 될 것이다.

안하무인 고객이 미래를 위협한다

스페인의 사상가 오르테가 이 가세트Jose Ortega y Gasset는 1930년 저서 『대중의 반역』에서 '대중'이라는 사회집단의 출현과 그 특성에 대한 통찰을 제공한다. 오르테가에 따르면 이 '대중'은 자신의 의견이나 욕구를 절대시하고 전통이나 귀족적 가치관을 경시하는 경향이 있다.

이 대중의 출현과 그 행동의 배후에는 사회의 민주화와 평등의 진전, 그리고 기술 발전에 따른 생활 수준의 향상이 영향을 미쳤다고 오르테가는 지적한다.

오늘날 어디에서나 볼 수 있고, 어디에서나 자신의 야만성을 강요하는 이런 유형의 인물은 사실상 인류 역사가 낳은 자만에 빠진 철부지다. 그는 오로지 상속자 행세만 하는 상속자이다. 이 경우 유산은 문명, 즉 문명의 모든 혜택인 각종 편의와 안전이다. 지금까지 살펴본 것처럼 우리 문명이 만들어낸 생활의 안락함 속에서만 위와 같은 일련의 특징을 지닌, 그러한 성격으로의 고무를 받은 인간의 출현이 가능하다.
- 오르테가 이 가세트, 『대중의 반역』

오르테가는 이러한 대중의 행동을 빗대어 '자만에 빠진 철부지'라고 명명했는데, 왜 대중을 그렇게 보았을까? 오르테가는 자만에 빠진 철부지가 생기는 이유로 '문명이 이 세계에서 만들어낸 안일한 생활'을 꼽고 있다. 시장 경제에서 승자가 되는 것을 목표로 하는 기업이 고객의 요구와 욕구를 절대시하며 계속해서 맹목적인 긍정으로 대응하면 고객은 마치 왕후 귀족처럼 '자신들의 요구나 욕구는 항상 충족되어야 마땅하다'라고 생각하게 된다. 오르테가가 지적하는 대중의 자기중심적인 성질은 이렇게 형성된다.

요즘에는 난폭한 고객의 불합리한 요구나 클레임으로 직원이 정신적, 육체적으로 상처를 받는, 이른바 고객 갑질이 세계적으로 문제가 되고 있는데, 이러한 자만에 빠진 철부지와 같은 안하무인 고객은 옳고 그름을 따지지도 않고 오랫동안 고객의 요구를 받들어 온 어퍼머티브 비즈니스로 인해 창출되고 있다고 본다.

여기서 포인트는 오르테가가 말하는 대중은 마치 귀족처럼 행동한다는 것인데, 그들은 행동만 귀족과 비슷할 뿐 그 외에는 아무것도 없다. 다시 말해, 귀족이 가지고 있는 교양도 심미안도 윤리관도 가지고 있지 않다는 말이다.

노블레스 오블리주라는 말을 다들 알 것이다. 프랑스어로 '고귀한 지위에 있는 자의 의무'를 뜻하는 말인데, 고귀한 지위에 있는 사람은 그 지위에서 얻을 수 있는 혜택과 권리에 대한 대가로 사회적 의무와 책임도 져야 한다. 그런 긍지가 이 말에는 담겨 있지만, 자만에 빠진 철부지인 대중에게는 이것이 없다.

그런 교양도 없고 미의식도 없는 대중의 요구와 욕구에 무한히 부응하는 것으로만 시장에서 살아남을 수 있다면 세계가 도달할 곳은 디스토피아밖에 없다.

지구 환경과 기후변화의 관점에서 볼 때 대중의 즉각적인 욕망 추구는 지속 불가능하며 나아가 지구 생태계와 우리의 미래에 심각한 위협이 된다. 오르테가가 지적했듯이 대중의 무식한 요구에 부응하는 것이 결과적으로 우리의 지속 가능한 미래를 희생시킨다.

고객의 요구에 크리티컬한 태도가 진정한 '고객 지향'

고객 지향이라는 말이 있다. 일반적으로 이 말은 고객의 요구와 욕구에 정직하고 성실하게 대응하는 것을 의미하지만, 정말로 고객의 요구를 그대로 수용하고 대응하는 것이 고객 지향이라고 할 수 있을까?

고객의 요구가 수준 높고 적확한 것이라면 그 고객의 요구를 그대로 수용하는 것은 고객 지향의 실천이라고 할 수 있을지도 모른다. 그러나 만약 그 고객의 요구가 수준이 낮거나 빗나간 것이라면 그 고객의 요구를 그대로 수용했을 때의 성과와 고객 삶의 질은 오히려 떨어질 것이다. 그러한 경우에는 고객의 요구를 크리티컬하게 부정하고 고객의 요구 수준을 업데이트하는 교육과 계몽을 진행하는 게 진정한 의미에서의 고객 지향일 것이다.

지향이라는 말은 원래 '대상을 향해 마음을 쓰는 것'을 의미한다. 그러므로 '고객 지향'이라는 말의 본래 의미에서 본다면, 장기적으로 오히려 고객의 상태가 악화할 위험이 있는 요구에 성실하고 정직하게 대응하는 자세는 고객 지향의 포기를 의미할 수도 있다. 식견도 상식도 없는 '자만에 빠진 철부지'의 욕구와 요구에 끊임없이 응한다면 당사자에게, 더 나아가 사회에 비극이 되는 결과를 초래하게 될 것이다.

이런 점을 보더라도 고객의 욕구와 요구를 긍정적으로 수용하고 이를 충족시켜 나가려고 하는 어퍼머티브 비즈니스 패러다임의 사고방식은 지속 가능하지 않다. 지금은 고객을 그 요구와 욕구를 무조건 충족시켜야 할 상대가 아니라, 소비를 포함한 라이프 스타일 전반에 관한 사고와 행동 양식을 고치도록 비판과 계몽의 대상으로 보아야 한다는 크리티컬 비즈니스 패러다임의 사고방식이 필요한 시대이다.

크리티컬 비즈니스에서 고객은 사회 운동의 파트너

크리티컬 비즈니스의 비판과 계몽을 접하고 그 내용에 공감한 사람들은 그런 다음 크리티컬 비즈니스가 실천하는 사회 운동의 파트너가 된다.

앞서 설명했듯이 어퍼머티브 비즈니스 패러다임에서 고객은 말 그대로 기업이 제공하는 서비스와 제품을 구매하는 고객으로 간주하며 그들의 요구에 얼마나 빠르고 효과적으로 부응하느냐가 경쟁에서 이기기 위한 관건으로 여겨져 왔다. 즉 어퍼머티브 비즈니스에서 고객과 기업의 관계를 주종관계로 나타내면 고객이 주인이고 기업이 부하인 셈이다.

한편, 사회 운동·사회 비평으로서의 측면을 강하게 가지는 크리티컬 비즈니스에 있어 고객은 기업과 함께 사회적 과제의 해결을 목표로 하는 파트너로서의 위치, 말하자면 크리티컬 비즈니스를 실천하는 활동가와 협동하는 동료 활동가가 된다.

크리티컬 비즈니스 패러다임에서 고객은 구체적으로 다음과 같은 역할과 의미를 갖는다.

1. 가치 공유자로서의 고객.

2. 사회 변혁 파트너로서의 고객.

3. 견해 및 피드백 제공자로서의 고객.

첫 번째로 지적할 수 있는 것이 '가치 공유자로서의 고객'이라는 측면이다.

크리티컬 비즈니스에서 고객은 단순한 상품이나 서비스의 구매자일 뿐만 아니라 그 비즈니스의 배후에 있는 가치와 메시지에 공감하며 이것들을 공유하고 발신하는 존재가 된다. 즉 고객이 직접 발신자가 되어 크리티컬 비즈니스를 실천하는 기업의 브랜딩이나 고객 개척에 협력하는 것이다. 이는 인터넷 보급으로 개개인이 사회를 향해 정보를 발신할 수 있게 된 요즘 같은 사회이기에 누리는 큰 이득 요소라고 말할 수 있다.

한편, 어퍼머티브 비즈니스에서 고객은 주로 상품이나 서비스의 가치와 질에 관심을 가지며 그것이 가격에 합당한지 아닌지 하는 점에만 관심을 기울일 뿐, 굳이 시간을 들여 이념이나 가치관을 발신하고 공유하려 들지 않는다.

두 번째로는 '사회 변혁 파트너로서의 고객'이라는 측면이다.

자신이 공감하는 어젠다를 내세우는 크리티컬 비즈니스를 지지함으로써 고객은 사회적 변혁을 담당하는 동료가 된다고 느끼게 된다. 그들은 단순히 서비스나 상품을 구매할 뿐만 아니라 일종의 운동 및 이념에 참여한다는 실감을 가진다. 이는 삶의 목적이 희박해지고 있는 선진국 사회에서 큰 가치를 지닌다.

바꿔 말하면, 크리티컬 비즈니스 패러다임에서 고객은 기업이 제공하는 서비스나 상품의 사용 및 이용을 통해 가치를 누리는 것 이상으로, 그 기업이 이니셔티브를 취하는 사회 운동에 참여함으로써 자신의 인생에 의미를 부여하는 가치를 스스로 만들어낸다. 한편, 어퍼머티브 비즈니스에서는 이러한 감각은 반대로 기피되는 경향이 있다.

세 번째로는 '견해 및 피드백 제공자로서의 고객'이라는 측면이다.

크리티컬 비즈니스에서 견해와 피드백은 매우 중요한 열쇠가 된다. 기업은 광범위한 활동을 하고 있기에 자칫하다가는 그러한 활동 일부가 운동의 이념이나 가치관에서 벗어나는 일도 발생할 수 있다. 그런 일이 발생했을 때, 이것을 얼마나 신속하게 수정할 수 있는지는 감시와 피드백의 네트워크 밀도에 따라 달라진다.

그러므로 크리티컬 비즈니스를 실천하려면 고객의 의견과 피드백이 매우 중요하다. 한편, 어퍼머티브 비즈니스에서의 피드백은 상품이나 서비스의 문제를 파악하기 위해 수집될 뿐이다.

내용을 정리하면, 크리티컬 비즈니스 패러다임에서 고객은 기업이 제공하는 서비스나 상품의 단순한 소비자가 아니라 그 비즈니스의 사회적 목적과 가치를 공유하고 지원하는 파트너로서의 역할을 수행할 것으로 기대된다.

크리티컬 비즈니스에서 경쟁 기업은 사회 운동의 동지

여기서는 크리티컬 비즈니스에서 '경쟁 기업'의 위치를 살펴보자. 크리티컬 비즈니스에서는 경쟁 기업의 위치도 어퍼머티브 비즈니스와 크게 다르다.

2023년 9월 미국의 아웃도어 브랜드 '노스페이스THE NORTH FACE'는 같은 아웃도어 브랜드인 파타고니아의 창립 50주년을 축하하는 광고를 게재했다. 이 광고에는 아래의 메시지가 적혀 있었다.

Congratulations to Patagonia on your 50 years of exploration

(파타고니아의 50년간의 모험을 축하합니다)

노스페이스가 오랜 세월 내걸고 있는 회사 이념 'Never stop exploration'을 가지고 경쟁 기업의 창립 50주년을 축하한 상당히 재치 있는 행동이다. 그런데 왜 노스페이스는 아웃도어 브랜드라는 시장에서 점유율을 다투는 경쟁사인 파타고니아에 축하의 메시지를 보냈을까?

일반적으로 어퍼머티브 비즈니스 패러다임에서는 경쟁 기업을 고객을 빼앗는 라이벌, 물리쳐야 할 적으로 간주한다. 그러나 사회 운동·사회 비평으로서의 측면을 강하게 가지는 크리티컬 비즈니스 패러다임에서 경쟁 기업은 반드시 쓰러뜨려야 할 적이 아니라, 같은 사회적 문제 해결을 목표로 하는 동지의 측면을 함께 지닌다.

구체적으로는 크리티컬 비즈니스의 경쟁 기업에는 문제의식의 환기, 정보와 지식의 확장, 학습의 가속 등과 같은 이점이 있다고 본다.

경쟁 기업을 가지면 좋을 첫 번째 이점은 '문제의식의 환기'이다. 앞서 설명한 대로 크리티컬 비즈니스의 이니셔티브는 반드시 다수의 합의가 이루어지지 않은 문제를 다루며 이 문제에 대한 사회 전반의 관심을 높이는 것을 목표로 한다. 통상 이러한 활동에는 방대한 시간과 비용이 소요되는데, 만일 문제의식이 같은 경쟁 기업과 제휴할 수 있다면 이 역할의 분담이 가능해져 해당 문제에 대한 사회 전체의 인식이나 관심을 보다 조기에 높일 수 있다.

두 번째 이점으로 꼽을 수 있는 것이 '정보와 지식의 확장'이다. 크리티컬 비즈니스에서는 '정보의 공유와 투명성'이 무엇보다 중시되는데, 이는 동시에 경쟁 기업에 정보를 은닉하고 독점하는 것이 어렵다는 것을 의미한다. 그렇다면 액셀과 브레이크를 동시에 밟는 것은 멈추고 오히려 적극적으로 정보를 공유함으로써 보다 사회 문제 해결에 큰 영향력을 창출하도록 요구하는 편이 합리적이다.

마지막으로 세 번째 이점으로 꼽을 수 있는 것이 '학습의 가속'

이다. 크리티컬 비즈니스에서는 전례 없는 과제에 대처하는 것을 목표로 한다는 대전제 때문에 정석적인 전략이나 접근법을 채택하지 않는다. 따라서 크리티컬 비즈니스 활동가는 종종 지금까지 거론되지 않았던 문제에 지금까지 시도되지 않았던 접근법으로의 해결을 목표로 한다. 즉, 늘 '무엇이 잘될 것인가'가 확실치 않은 상황 속에서 시행착오를 반복하며 가장 잘 될 수 있는 접근법을 찾아내야 한다. 만약 이 시행착오를 함께해 줄 경쟁 기업이 있다면 탐색에 걸리는 시간은 크게 줄어든다.

크리티컬 비즈니스는 '큰 나무'가 아니라 '숲'을 만든다

크리티컬 비즈니스에서 경쟁 기업의 위치가 어퍼머티브 비즈니스와 크게 다르다는 것을 알기 쉽게 보여주는 사례를 하나 소개하겠다.

1980년대부터 이미 친환경 세제 등의 생필품을 제조하고 있던 세븐스제너레이션Seventh Generation의 공동 설립자인 제프리 홀렌더Jeffrey Hollander라는 인물이 있다. 홀렌더는 '상품들을 보다 환경을 생각한 것으로 바꾸어 간다'는 테마로 다양한 기업의 어드바이저를 무상으로 맡고 있었는데, 그 활동의 일환으로 월마트에 자사와 경쟁하게 될지도 모를 '환경 지향의 PB상품을 내놓으면 어떨까?'라는 제안을 했다.

이러한 제안은 어퍼머티브 비즈니스 패러다임에 깊이 빠져 있는 사람이라면 믿기 어려운 일이라고 생각할 것이다.

월마트는 거대한 판매력을 보유한 유통 기업이다. 그런 회사가 경쟁할 만한 저가의 PB상품을 내놓으면 자사 상품의 매출에는 적잖이 부정적인 영향을 미칠 게 뻔하다.

그러나 홀렌더에게는 자사인 세븐스제너레이션의 매출이 떨어지는 것보다 월마트가 비슷한 상품을 시장에 내놓음으로써 사회를 일깨우고 환경 지향적인 상품이 침투하는 것이 훨씬 더 중요했다.

이 사례는 크리티컬 비즈니스 활동가에게 경쟁 기업의 위치가 어퍼머티브 비즈니스의 위치와 크게 다르다는 사실을 알기 쉽게 보여준다.

활동가에게 가장 우선시 되어야 할 것은 각 분야에서 최대의 조직을 구축하는 것도 최고의 이익을 낳는 것도 아닌, 자신이 비판적으로 생각하는 사상에 대해 사회 변화를 일으키는 것이다.

홀렌더의 경우 친환경 가정용 세제를 사회 저변으로 확대한다는 목적을 생각했을 때, 자사인 세븐스제너레이션만으로 이를 추진하는 것보다 훨씬 큰 조직인 월마트도 이 활동에 참여하는 것이 더 빠르고 더 큰 영향력을 낼 수 있다고 판단했다는 말이다.

우리는 크리티컬 비즈니스라고 하는 행위를 통해서 '숲'을 만들어내려는 것이지 결코 한 그루의 '큰 나무'를 사막에 키우려는 것이 아님을 잊어서는 안 된다.

크리티컬 비즈니스는 제로섬 게임이 아니다

어퍼머티브 비즈니스 패러다임에서 기본적으로 이해가 상충하는 경쟁 기업이 왜 크리티컬 비즈니스 패러다임에서는 사회 운동을 함께 수행하는 동지가 될까?

이 질문의 열쇠는 시장을 인식하는 방법에 있다. 크리티컬 비즈니스는 단순히 경제적인 이익을 추구할 뿐만이 아니라 사회적인 변혁과 가치 실현을 목적으로 하고 있다. 그래서 기존의 비즈니스 모델에서 자주 보이는 '점유율 쟁탈은 제로섬 게임'의 사고방식과는 다른 접근법, 즉 '시장 전체를 늘리는 플러스섬 게임'을 추구한다. 패러다임이 아예 다르다.

여기서 용어를 확인해 두면, 제로섬 게임이란 시장의 크기는 일정하고 한쪽이 이익을 얻으면 다른 한쪽이 그만큼 손해를 보는 상황이다. 많은 선진국의 성숙 시장에서 한쪽이 매출이나 이익이 늘어나면 자연스레 다른 쪽은 그것이 줄어드는 상황이 벌어지고 있다.

반면, 플러스섬 게임은 시장의 크기는 가변적이며, 시장의 확대에 따라 참가자 모두가 매출이나 이익을 늘릴 수 있는 상황을 말한다. 크리티컬 비즈니스를 통한 계발과 교육으로 시장 및 이해관계자의 의식을 높여 새로운 가치와 니즈를 창출하는 것이다.

어퍼머티브 비즈니스에서 경쟁 기업은 제한된 시장에서 파이를 놓고 경쟁하는 경쟁자로 간주한다. 시장의 크기는 일정한 것으로 여기며 그 안에서 누군가 이득을 보는 일이 생기면 반드시 동시에 누군가 손해를 보는, 즉 제로섬 게임을 벌이는 상대가 된다.

한편, 크리티컬 비즈니스는 업데이트된 가치관이나 욕구에 근거하는 새로운 시장의 형성을 목표로 한다. 따라서 크리티컬 비즈니스 시장에서 비즈니스를 하는 플레이어의 성장은 기본적으로 '점유율 경쟁'이 아니라 '시장 전체의 성장'에 의해 이루어진다.

제로섬 게임은 질 나쁜 전략

컨설팅 회사 맥킨지 앤 컴퍼니McKinsey & Company가 2018년에 내놓은 보고서에 따르면 2000년 이후 크게 성장한 기업의 상당수는 경영 자원을 기존의 성숙 시장, 쇠퇴 시장에서 성장 시장으로 과감하게 전환하는 데 성공한 기업이며, 같은 시장에 머물면서 점유율을 늘린 기업은 거의 없는 것으로 보고되었다. 즉 현재 사회에서 크게 성장한 기업의 상당수는 플러스섬 게임을 하고 있으며, 제로섬 게임에서 이기고 성장하는 기업은 극소수라는 말이다. 단도직입적으로 말해 제로섬 게임은 매우 질 나쁜 싸움 방식이다.

경쟁 전략이라고 하면 우리는 바로 '경쟁 상대를 어떻게 이길까?'만 생각하는데, 이는 현장 담당자의 논점을 세우는 방식으로는 시야가 좁다. 본래 기업이 맞서야 하는 것은 경쟁이 아니라 이익 제로의 균형점으로 향하려는 시장의 원리이다. 경쟁으로 인한 치열한 싸움은 이 압력을 증대시켜 이익 제로의 균형점, 경제학에서 말하는 '완전 시장'으로의 도달을 가속화한다. 일본을 비롯해 거의 모든 선진국에서 이른바 '담합'을 비롯한 경쟁 기업과의 긴밀한 연계가 규제 당국의 엄격한 감시를 받는 이유는 무엇일까? 그것이 시장의 효율성을 왜곡시키는 접근법이라고 생각하기 때문이다.

크게 성장하고 싶다면 기존의 시장에서 제로섬 게임을 이길 게 아니라 새로운 시장을 창조해 플러스섬 게임을 만들어내는 것이 더 효과적이다. 그리고 시장의 개발과 성장은 일반적으로 한 회사에서 담당하는 것보다 여러 회사에서 담당하는 것이 훨씬 효과적이다. 경쟁 전략론의 대가로 알려진 하버드대학 비즈니스스쿨의 마이클 포터Michael Eugene Porter 교수는 주요 저서인 『마이클 포터의 경쟁우위』에서 자사의 경쟁우위를 형성하기 위해 경쟁 기업이 얼마나 유용한지를 10페이지 넘게 역설하고 있다.

뛰어난 활동가는 경쟁 기업을 능숙하게 이용한다. 예로 2014년 테슬라는 자사가 보유한 전기차와 관련된 특허를 공개하겠다고 발표해 업계에 충격을 안겼다. CEO 일론 머스크Elon Musk는 SNS에 '우리의 특허는 모두 여러분의 것입니다'라고 선언하며 테슬라가 보유한 전기차와 관련된 특허를 오픈 소스로 누구나 이용할 수 있도록 한 것이다.

이러한 행동은 어퍼머티브 비즈니스 패러다임에서는 생각할 수도 없는 난폭한 행동으로 여기지만 크리티컬 비즈니스 패러다임에서는 지극히 합리적이다.

테슬라가 특허를 공개하고 경쟁 기업이 이를 활용하면서 화석 연료에서 전기차로의 전환이 가속화되고 사회 인프라가 정비돼 업계 전체에 혁신이 추진되기 때문이다. 덧붙이자면, 충전 인터페이스 포맷 등 테슬라가 채택하는 기술 규격이 업계의 사실상 표준이 되면서 테슬라에게 유리한 방향으로 시장 환경이 형성될 것이라는 의도도 물론 있었을 것이다.

결론적으로 말해, 테슬라와 경쟁이 되는 자동차 회사는 고객을 쟁탈하는 라이벌이라는 측면 이상으로 전기차 시장의 개척을 함께 담당하는 동지의 측면을 강하게 지녔을 것이다.

크리티컬 비즈니스 투자가

크리티컬 비즈니스에서는 투자가의 위치와 역할 또한 어퍼머티브 비즈니스와는 다르다. 크리티컬 비즈니스의 투자가와 어퍼머티브 비즈니스의 투자가를 비교하면 [도표3]과 같은 차이가 나타난다. 중요한 점은 '수익의 정의'와 '시간축의 파악 방식' 이 두 가지이다.

일반적으로 투자가는 단기적인 경제적 이익만을 중시하고 환경이나 사회에 미치는 영향은 고려하지 않는다고 생각하지만, 그렇게 단순하지는 않다. 투자가의 성향은 다양하고 기대하는 수익

도표3 어퍼머티브 비즈니스와 크리티컬 비즈니스 투자가

	어퍼머티브 비즈니스 투자가	크리티컬 비즈니스 투자가
관심사	주로 투자 리스크와 재무적 수익	사회적 또는 환경적인 가치관과 자신의 투자 일치
시간 축	단기적인 주가 상승, 분기별 실적 향상	기업과 사회가 장기간에 걸쳐 지속 가능한 성장을 이루는 것
수익	투자 리스크와 재무 수익의 균형을 중요시	재무적인 수익과 더불어 사업이 사회와 환경에 미치는 긍정적 영향 중시

의 내용도 다양하다.

시카고대학 부스경영대학원 교수 루이기 진갈레스Luigi Zingales는 2022년에 제출한 논문에서 사회와 환경에 대한 문제의식이 높은 투자가들은 경영진의 판단에 긍정적인 영향을 주어 기업이 더 큰 사회적 공헌을 하도록 방향을 전환시키는 동시에 수익 개선에도 기여하고 있는 것으로 나타났다고 지적했다.

또한 이 연구에서는 지금까지 믿어온 사회 통념과는 반대로 대부분의 투자가들은 자신들의 영향력에 따라 사회적 영향이 크게 초래된다면 어느 정도는 경제적 이익을 희생해도 상관없다는 생각을 분명히 밝히고 있다.

투자가에 대한 일반적인 이미지를 떠올리면 진갈레스의 연구 결과를 의외라고 여기는 사람도 있을 것이다. 그러나 다시 생각해보면 이것이 본래의 이상적인 사고방식인지도 모른다.

애초부터 주주 이익이라는 개념은 '어느 시점부터 어느 시점까지 기업가치의 증분'으로 정의되기 때문에 본래는 장기적일수록 커진다고 생각하는 것이 합리적이다. 그래서 투자의 신으로 불리는 워런 버핏Warren Buffett은 투자의 기본적인 전략을 롱 포지션(주가가 상승할 것으로 기대하여 주식을 매수하거나 보유하는 매수의 전략. 장기 투자에서 주로 사용-옮긴이)에 두고 있다고 할 수 있다.

투자가의 기대치를 제어하다

그런데 투자가의 기대치에 다양성이 있다는 사실은 '활동가와 투자가의 매칭이 매우 중요하다'는 통찰을 우리에게 가져다준다. 앞서 말한 대로 어떤 투자가는 단기적인 경제적 수익만을 요구하는 사람도 있고, 어떤 투자가는 장기적인 사회적, 환경적 영향을 중시한다. 크리티컬 비즈니스의 투자가는 당연히 후자일 가능성이 높은데 여기서 단추를 잘못 채워 단기적인 경제적 수익만을 기대하는 투자가가 사회적, 환경적 영향을 추구하는 크리티컬 비즈니스의 투자가가 되면 양쪽 모두에게 비극이라고 할 만한 상황이 발생한다.

앞에서 설명한 대로 크리티컬 비즈니스는 사회적 합의가 이루어지지 않은 소수의 어젠다를 내걸고서 이니셔티브를 설정한다. 한편, 단기적인 경제적 수익을 중시하는 투자가는 이익이 될 것 같은, 이미 합의가 이루어진 '유행하는 소셜 어젠다'에 몰두하기를 경영자에게 요구하는 경향이 강하다. 이러한 투자가와 초기 단계에서 얽히면 경영을 마구 휘저어 비참해지는 일이 발생한다.

이러한 비극을 피하기 위한 핵심이 투자가들의 기대치를 제어하기 위한 커뮤니케이션이다. 투자가들의 관심이 집중되는 시점에 '우리는 장기적인 사회·환경에 대한 영향을 창출하는 것을 목표로 하고 있으며 단기적인 재무 수익을 기대하는 투자가의 기대에 부응할 생각은 없다'라고 공언하는 것이다.

실제로 이런 선언을 하는 인물이 적지 않다. 예로 나중에 다룰 이탈리아의 캐시미어 브랜드 '브루넬로 쿠치넬리'가 2012년에 주식 공개를 했을 때, 창업 경영자 브루넬로 쿠치넬리Brunello Cucinelli는 '인간 중심의 자본주의'의 중요성을 투자가들에게 역설했다.

쿠치넬리는 '낭만주의와 계몽주의' 그리고 '인문주의와 자본주의'가 양립 가능하다고 설명하며, '지속 가능하고 품위 있는 수준의 이익'만을 추구하며 지구와 인간성에 대한 손상을 최소화하면서 사업을 추진할 것임을 강조했다. 이때 쿠치넬리는 비즈니스에 대한 철학적 접근을 상징하고자 IPO 행사에서 아리스토텔레스의 『니코마코스 윤리학』 책을 투자가들에게 선물하기도 했다.

내가 가장 감명을 받은 부분은 쿠치넬리가 투자가에게 보낸 편지에서 자사에 대한 설명뿐만 아니라, '투자의 본연의 자세'에 대해서도 자신의 철학을 바탕으로 비판적인 의견을 피력했다는 점이다. 편지에서 발췌한 부분을 소개하겠다.

> 만일 당신들이 인류에 해를 끼치면서 이익을 낳는 기업을 발견한다면, 그곳은 구매해서는 안 되는 기업입니다. 장인 의식, 품질 및 독창성을 존중하지 않고 성장하고자 하는 기업을 발견한다면, 그곳은 올바른 기업이 아닙니다.

보통 상장할 때 창업자의 관심은 '주가가 얼마나 될까?' 하는 점에 집중되기 쉽고, 그러다 보면 아무래도 투자가의 귀에 듣기 좋은 소리만 하는 경우가 많다. 그러나 전 세계 투자가들의 이목이 쏠리는 이 기회를 천재일우의 타이밍이라고 파악해 오히려 역습이 되는 비판적인 메시지를 던진 것이다.

구글도 비슷한 사례가 있다. 구글이 2004년 상장했을 때 창업자 래리 페이지Larry Page와 세르게이 브린Sergey Brin은 '창업자의 편지'라는 제목의 메시지를 투자가들에게 보냈다. 이 메시지에는 '구글이 추진하는 많은 프로젝트는 단기적으로 이익을 창출하지 않을 수 있지만, 장기적으로는 큰 가치를 창출할 가능성을 추구하고 있다. 이 점을 이해해 달라'라고 호소했다. 떡잎부터 다르다고 해야 할지, 창업한 지 얼마 되지 않은 스타트업 기업으로서는 참으로 대담무쌍한 선언이었다. 하지만 두 창업자가 상장하는 타이밍에 이런 선언을 했기 때문에 투자가들의 기대치가 조절되었고,

단기적인 이익 추구 경영이 아닌 실험적이고 장기적인 관점에 기초한 경영이 가능해진 것이다.

크리티컬 비즈니스에서 투자가의 위치와 역할은 확실히 어퍼머티브 비즈니스와는 크게 다르다. 그러나 이 차이는 경영을 하면서 자연스럽게 생겨나는 것이 아니라, 크리티컬 비즈니스를 이끌어가는 리더의 주체적인 선택과 강력한 선언을 통해 비로소 만들어진다는 사실을 잊어서는 안 된다.

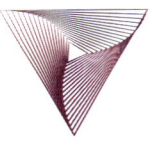

제 3 장

반항이라는 사회적 자원

반항은 사회적 자원이다

제1장과 제2장에서는 크리티컬 비즈니스의 개요를 알아보았다. 제3장에서는 '크리티컬=비판적인 것'은 대체 어떠한 가치를 가져오는가 하는 논점에 대해 살펴보자.

앞서 말한 대로 크리티컬 비즈니스 패러다임을 실천하는 활동가는 누구나 마지못해 받아들였던 현상에 대해 비판적인 고찰을 하고 현재 상황과는 다른 이상적인 모습을 구상하고 제안한다.

그러나 한편으로는 일반적으로 '비판적인 것'은 부정적인 태도로 여겨지는 경향이 있어서 이러한 태도를 가진 사람들이 정말로 가치 있는 새로운 것을 만들어낼 수 있을까 하고 의아해하는 사람도 있을지 모른다.

매우 날카로운 질문이다. 예를 들면, 비평가이자 사회학자 미타 무네스케見田宗介는 저서『현대사회는 어디로 가는가』에서 20세기 후반에 그토록 진지하고 장대하게 몰두했던 전 세계의 사회 운동이 비참한 결말밖에 맞이하지 못했던 첫 번째 이유로 '부정주의'를 들며, 사회 운동이 '실현되어야 할 긍정적인 것에 대한 명확한 비전보다 일단 타도!라는 정념에 지나지 않았다'라고 지적했다.* 즉 '부정=크리티컬'만으로는 결국 사회가 변하지 않았다는 지적이다.

분명한 건 미타 무네스케의 말처럼, 어떠한 긍정적인 비전도 없이 그저 부정적이고 파괴적인 것만으로는 아무것도 만들어낼 수 없다. 그러나 한편, 지금까지의 역사에서 제안되어 온, 당시의 현상과는 다른 새로운 사회 비전이 구상되는 계기가 된 것이 현상에 대한 강한 위화감이었던 것 또한 분명하다.

20세기 초중반 세계적으로 큰 영향력을 가진 철학 학파 중 하나인 프랑크푸르트학파의 주요 회원 중 한 사람이었던 발터 벤야민Walter Benjamin은 그의 저서『역사의 개념에 대하여』에서 그가 소유하고 있던 파울 클레의 그림을 빗대어 역사와 비판 정신의 관계를 다음과 같이 말했다.

---

* 그 외의 요소로는 두 번째로 전체주의(totalitarianism), 사회의 이상을 실현하기 위해 특정 정당이나 지도조직에 권력을 집중하고 사상언론을 통제하는 것이 필요하다는 이념, 세 번째로 도구주의(instrumentalism), 미래의 목적을 위해 현재를 살아가는 사람들에게 일회성의 삶을 수단화한다는 감각'이라고 지적했다.

천사의 얼굴은 과거를 향하고 있다. 우리 앞에서 일어나는 일련의 사건들에서 그 천사는 끊임없이 잔해 위에 또 잔해를 쉼 없이 쌓이게 하고, 이 잔해들을 우리들 발 앞에 내팽개치는 단 하나의 파국만을 본다. 천사는 머물고 싶어 하고 죽은 자들을 깨우고 산산이 부서진 것들을 모아서 다시 맞춰 결합하고자 한다. 그러나 천국에서부터 폭풍이 불어오고 있고 폭풍은 너무도 거세어 천사는 날개를 접을 수도 없다. 이 폭풍은 천사를 쉴 새 없이 그가 등 돌리고 있는 미래로 몰아가고, 반면 그의 앞에 놓이는 잔해 더미는 하늘에 닿을 듯 쌓인다. 우리가 진보라고 일컫는 것은 바로 이런 폭풍을 두고 하는 말이다.

– 발터 벤야민, 『역사의 개념에 대하여』

벤야민이 소유하던 파울 클레의 「새로운 천사」

역사는 전진하는 것만으로 전개되지 않는다. 역사는 눈앞에 전개되는 광경에 대한 혐오감이나 위화감이 쌓이는 과정에서 전개되어 간다는 것이 벤야민의 주장이다.

사람을 두근거리게 하는 비전이 사회를 앞으로 나아가게 한다고 흔히들 말하지만, 그 비전이 생겨난 계기는 종종 눈앞에 펼쳐지는 광경에 대한 강한 위화감 때문이었다.

반항이 연대를 낳는다

현재 시스템에 대한 비판과 반항은 또한 사람들의 연대를 이루는 계기가 된다. 프랑스의 문학가이자 철학자 알베르 카뮈Albert Camus는 저서『반항하는 인간』에서 반항이라는 행위가 개인의 존재를 확립하고 사회적 변혁의 원동력이 된다고 말한다.

> 세계의 부조리와 명백한 불모성을 무엇보다 먼저 뼈저리게 느꼈던 하나의 성찰이 반항적 정신에 의하여 이룩하게 되는 최초의 일보 전진을 주목하자. 부조리한 경험에서 고통은 개인적인 것이다. 반항 운동을 기점으로, 고통은 집단적인 것이 되며 만인의 모험이 된다. …… 우리가 겪는 일상적 시련 속에서 반항은 사유의 차원에서의 '코기토Cogito(나는 생각한다)'와 같은 역할을 한다. 즉 반항은 원초적 자명함 그 자체인 것이다. 그러나 이 자명함은 개인을 그의 고독으로부터 끌어낸다. 반항은 모든 인간들 위에 최

초의 가치를 정립시키는 공통적 토대다. 나는 반항한다, 그러므로 우리는 존재한다.

– 알베르 카뮈, 『반항하는 인간』

마지막 말이 와닿는다. '나는 반항한다, 고로 우리는 존재한다.' 즉 '나'라는 고립된 개인이 반항을 통해 '우리'라는 연대를 만들어낸다는 뜻이다. 인간은 반항이라는 행위를 통해 자신의 가치관을 사회에 표명하고 부정과 불평등에 이의를 제기한다. 그러한 반항적 행위를 통해 부조리에 고뇌하던 개인은 똑같이 고뇌하던 개인과 연대하는 것이 가능해진다고 카뮈는 말하고 있다. 이는 실존주의 철학의 핵심이 되는 사고방식이다.

당연히 크리티컬 비즈니스는 이익 추구에만 주력하는 기존의 비즈니스 모델에 의식적인 반항을 표명하는 행위다. 이러한 표명 배경에는 비즈니스는 자본가의 이익을 증대시키기 위한 단순한 도구가 되어서는 안 되며, 사회적이고 윤리적인 책임을 져야 한다는 기본적인 이념이 있다. 카뮈의 반항 개념을 빌리자면 크리티컬 비즈니스는 '불의나 불평등에 공범자가 되지 않는다'라는 선택을 함으로써 사회를 향한 깊은 애정과 존중을 표현하고 있다고도 할 수 있다.

반항은 변혁과 진보의 촉매제이다. 사회에는 언제나 불완전함이 있으며 그 불완전함에 대한 반항이 없으면 사회는 진보하지 않는다. 크리티컬 비즈니스를 통해 기업은 사회적 부정에 'NO'라고 말하며 새로운 가능성의 문을 연다. 예를 들어 환경 보호, 근로자 권리, 공평한 무역 등의 가치를 주장함으로써 사회 전체의 의식을 높이고 더 나은 방향으로 이끈다.

'반항적인 것'은 사회의 본질적인 가치를 지닌다. 크리티컬 비즈니스는 이 반항적 정신을 구현하고 사회에 책임을 지며 개선을 목표로 하는 데 힘이 될 수 있다. 카뮈의 철학을 크리티컬 비즈니스에 적용함으로써 기업은 단순히 경제 활동의 주체일 뿐만이 아니라 사회적 정의와 윤리를 추진하는 데 있어서도 중요한 역할이 가능해진다. 반항은 과거의 부정을 인정하고 더 나은 미래를 만들기 위한 첫걸음이다.

나라마다 반항적 정도는 다르다

반항이 사회 발전에 없어서는 안 되는 것이라면, 그 사회에서의 '크리티컬함의 정도'와 사회의 이상적 모습에는 어떠한 관계가 있다고 본다. 이 문제를 생각하기 위해 각각의 사회에서 '권위를 받아들이는 경향의 정도인 권력 거리 지수'를 살펴보자.

네덜란드의 심리학자 헤이르트 호프스테더Geert Hofstede는 IBM의 의뢰에 기초해 '상사에게 반론하기 어려운 정도'를 조사했고 이것을 수치화해 권력 거리 지수, 즉 PDI(Power Distance Index)로 정의했다. 호프스테더에 따르면 권력 거리는 '각 사회에서 권위가 없는 약한 입장에 있는 사람들이 기존의 권위를 받아들이고 따르려는 정도'로 정의된다. 권력 거리가 낮은 나라에서는 사람들 사이의 불평등은 최소한으로 억제되고 권한이 분산되는 경향이 강하며, 부하는 상사가 의사 결정을 내리기 전에 상담해 주기를 기대하고 특권이나 지위 상징은 사회에서 받아들여지지 않는다.

한편, 권력 거리가 높은 나라에서는 사람들 사이에 존재하는 사회적 불평등이 오히려 바람직하게 받아들여지고 권력 약자가 지배자에게 의존하는 경향이 강하며, 조직이나 사회에서는 중앙 집권화가 진행되어 부하는 상사에게 반론하거나 의견을 내는 것을 꺼리게 된다. 특권과 지위는 신분 및 경제력을 나타내는 상징으로 사회에서 기능한다.

즉, 이 제3장의 전후 문맥에 맞춰 다시 말하자면, 권력 거리란 '그 사회가 얼마나 권위에 반항적인가'를 나타내는 지표이다.

주요국의 권력 거리 지수를 확인해보자. 일본의 수치는 54로 평균보다 조금 높지만, 같은 동아시아의 한국, 대만, 중국보다 낮아 아시아 중에서는 권력 거리가 비교적 낮다고 볼 수 있다. 반면 권력 거리가 낮은 나라들은 덴마크나 스웨덴 같은 북유럽 국가, 스위스, 독일, 네덜란드 같은 서유럽 국가, 그리고 캐나다, 미국이 그 뒤를 잇는다.

[도표4]를 보면 어떤 흥미로운 점을 발견할 수 있다. 권력 거

도표4 주요국의 권력 거리

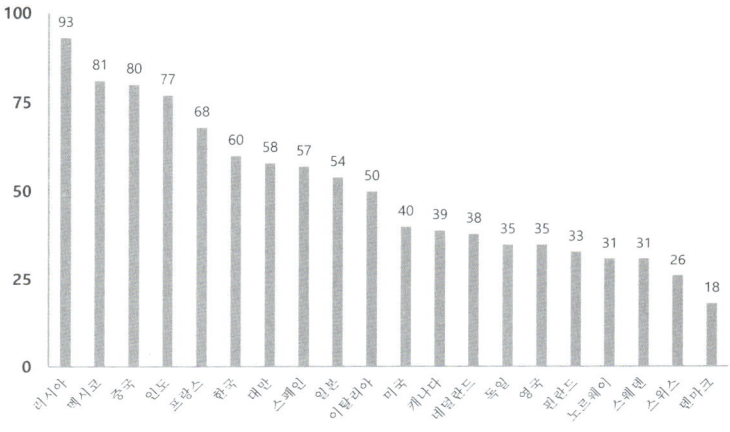

출처: 헤이르트 호프스테더 『세계의 문화와 조직』, 1995년.

리의 높낮이는 대체로 '그 나라에서 주류가 되는 종교'에 따라서 그룹화하는 경향이 있다는 점이다. 예로, 아시아에 주로 위치한 유교 국가는 전반적으로 권력 거리가 높은 것을 알 수 있다. 유교라는 종교는 말하자면 '인간관계에 관한 규칙의 집합체'인데, 그 규칙의 맨 앞에 오는 것이 '연장자를 거역하면 안 된다'라는 규범이기 때문에 유교의 영향이 강한 나라에서 권력 거리가 높아지는 것은 당연하다고 할 수 있다. 또 교황을 정점으로 한 명확한 위계 제도를 가진 로마 가톨릭의 영향이 강한 지역에서 권력 거리가 높아지는 경향도 마찬가지로 이해가 간다. 한편, 세계에서 가장 권력 거리가 낮은 나라들을 살펴보면 이들 나라가 모두 개신교 국가임을 알 수 있다.

이러한 경향은 각국이 강점으로 삼고 있는 비즈니스의 유형과도 관련이 있다. 예를 들면, 정상급 럭셔리 브랜드 대부분은 프랑스나 이탈리아와 같은 가톨릭 국가에서 탄생하는데, 이는 호프스테더가 지적하는 '권력 거리가 높은 나라'에서 볼 수 있는 경향, 다시 말해 '특권과 지위 상징이 신분 및 경제력을 나타내는 상징으로 사회에서 기능한다'는 점과 잘 부합한다.

반대로, 록 음악 등 젊은이들을 대상으로 한 문화 산업이나 컴퓨터 산업 같은 자유로운 사고방식에 큰 가치관을 두는 산업에서 존재감을 발휘하는 나라 대다수는 개신교 국가라는 것도 확인할 수 있다.

개신교의 어원인 '프로테스트(protest)'는 본래 '반항하다'의 의미다. 그렇다면 누구에게 반항한다는 것일까? 종교 개혁 당시, 세계에서 가장 큰 권위를 갖고 있던 로마 가톨릭교회의 수장인 교황이다. 이 운동의 포문을 연 것은 독일의 신학자 마르틴 루터Martin Luther인데, 그가 했던, 이른바 '95개 조의 의견서'는 그 자체가 교황을 향한 외침이었기에 대단한 일을 해냈다고 생각한다.

국민성이라는 것이 종교에 의해서만 결정된다고는 할 수 없지만, 개신교의 영향이 강한 나라들에서 전반적으로 권력 거리가 낮은, 즉 '권위에 반항적인 사람이 많다'라는 것은 그 나라들이 걸어온 역사를 생각하면 이해가 간다.

반항은 사회 개발의 엔진

더욱 흥미로운 건 이 권력 거리 지수와 국가별 국제 경쟁력 순위에는 일정한 상관관계가 보인다는 것이다.

도표5 주요국의 권력 거리와 국제경쟁력

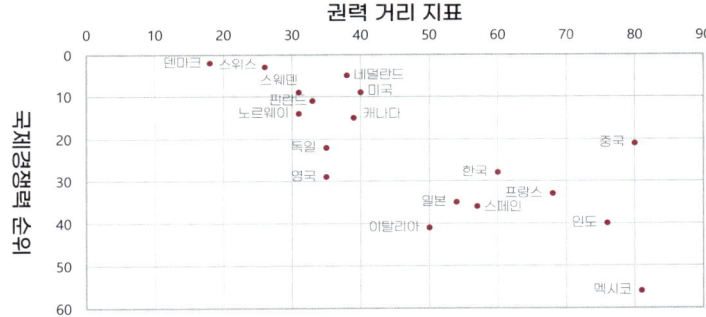

출처: 헤이르트 호프스테더 『세계의 문화와 조직』, 1995년.

[도표5]는 세로축에 국가별 국제 경쟁력 순위를, 가로축에는 권력 거리 지수를 배치해 국가별 데이터를 구성한 표다. 보면 알 수 있듯이 그래프 전체의 왼쪽 위는 권력 거리가 낮고 국제 경쟁력 순위는 상위 국가들이, 오른쪽 아래는 권력 거리가 높고 국제 경쟁력 순위는 하위 국가들이 몰리는 경향을 볼 수 있다.

덴마크, 스위스, 네덜란드, 핀란드, 스웨덴, 노르웨이 같은 나라들은 세계에서 가장 권력 거리가 낮은 나라들이지만 이들 국가는 모두 국제 경쟁력 순위에서 상위의 위치에 있는 한편, 권력 거리가 높은 국가들이 전반적으로 국제 경쟁력에서 뒤처지는 양상을 볼 수 있다.

국제 경쟁력 순위는 경제력, 정부의 효율성, 교육 수준, 인프라의 정비 상황 등 다양한 사회적 지표의 조합으로 정해져 있으며, 그 평가 방법에는 평가하는 주체의 자의적 가치관이 반영된다. 따라서 이 순위의 상위에 든다고 해서 만인에게 바람직한 사회임을 의미한다고 결코 단정할 수는 없다.

그러나 이 지표가 현시점에서 '민주화와 문명화가 진행된 사회의 이상적 모습'에 대한 어떤 하나의 기준이 될 수 있다고 생각한다면, 이 데이터는 크리티컬한 것, 기존의 권위와 시스템에 대해 반항적인 것이 얼마나 사회의 개발과 발전에 있어서 중요한 요건인지를 시사한다.

비판적이고 반항적이기를 멈춘 사회는 정체돼 버린다. 만일 그런 사회라면, 우리는 다시 '반항은 사회자원이다'라는 명제를 명심하면서 자신의 태도와 가치관을 새롭게 고쳐나갈 필요가 있다.

비판적·반항적이라서 끌린다

비판적·반항적이라는 것은 사람을 끌어당기는 요소이기도 하다. 역사적으로 큰 운동을 낳게 한 책의 대부분은 눈앞에 펼쳐지는 광경에 대한 비판을 책의 주축으로 삼으면서도, 실현해야 할 비전에 대해서는 별로 구체적인 것을 제시하지 않는다.

인류 역사에 가장 큰 운동을 일으키는 데 성공한 책이라고 하면, 뭐니 뭐니 해도 기독교의 '성서'와 마르크스Karl Heinrich Marx의 저서, 『공산당 선언』이라 할 수 있는데, 이 둘에는 공통점이 있다. 그러한 운동의 결과 최종적으로 어떤 세계가 찾아오는가에 대해서는 명확하게 묘사되지 않았다는 점이다.

신약성서에서는 종종 최후의 심판 이후 오게 될 하나님의 나라에 대한 언급이 있지만, 구체적인 설명은 부족하다. 누가복음에서 예수는 하나님의 나라는 보이는 형태로 오지 않는다고 했고, '하나님 나라는 너희 가운데 있다'라고 말했다. 오늘날 말하는 사회적 구성주의를 선구적인 표현으로 설명하고 있지만 구체적인 이미지가 떠오르는 서술은 아니다.

이는 『공산당 선언』도 마찬가지다. 『공산당 선언』에서는 현 사회에 대한 분석과 기존 사회주의를 비판한 후에 뜬금없이 '만국의 노동자여, 단결하라'라는 선언으로 끝을 맺으며, 단결해서 어떤 사회를 만들어야 하는지는 구체적으로 제시되지 않았다. 마르크스는 『독일 이데올로기』에서 공산주의는 조성되어야 할 상태 또는 이상이 아니라 오늘날의 상태를 지양하는 현실적인 운동이라고 했는데, 이 말도 앞서 예수의 말과 비슷한 인상을 준다.

이러한 이유로 이 책들은 큰 운동을 만들 수 있었는지도 모른다. 최종적으로 도래할 세계가 어떠한 세계인지, 그 비전의 세부를 명확히 할수록 개인 각자가 스스로 생각했던 이상적인 사회 이미지와의 차이 또한 명확하게 의식화되어 버린다. 각자가 느끼는 '세부적인 차이'는 집단의 구심력을 약화시키고 사회 운동의 추진력을 크게 감소시키는 원인이 될 수도 있다.

아리스토텔레스 이후 많은 사상가와 심리학자가 날카롭게 지적했듯이, 우리는 적과의 큰 차이는 참을 수 있지만 아군과의 작은 차이는 참을 수 없기 때문이다. 이는 운동의 원동력을 생각할 때 우려해야 할 포인트다.

세계 최고의 광고는 적의의 선전 포고

우리는 '강한 긍정'보다 '강한 부정'에 더 끌리는지도 모른다. 지금까지 큰 영향력을 동반하며 세상에 등장한 브랜드나 기업 대부분은 무언가를 강하게 긍정한다기보다 오히려 무언가를 강하게 부정하는 것을 통해 그 브랜드와 기업의 정체성을 사회에 선명하게 보여줬다는 인상을 받았다. 광고 관계자들 대다수가 사상 최고의 광고라고 격찬해 마지않는 애플의 초기 매킨토시 광고를 살펴보면서 이 논점을 검토해보자.

애플이 최초로 제작한 전설의 CF '1984'는 조지 오웰의 디스토피아 소설 『1984』에서 영감을 받은 것으로 보이는 전체주의적 의식을 보여준다. 큰 화면에서 선전선동이 울려 퍼지고 사람들은 멍하니 바라보는 장면이다. 이때 한 여성 운동선수가 난입해서는 해머를 던져 화면을 박살 내버린다. 그리고는 자막이 흐른다.

On January 24th, Apple Computer will introduce Macintosh.
And you'll see why 1984 won't be like '1984'.
(1월 24일은 애플 컴퓨터가 매킨토시를 소개하는 날입니다.
그리고 그날 당신은 왜 우리의 1984년이 조지 오웰의 '1984'와 다른지 알게 될 것입니다.)

애플은 당시 창업 8년 차의 벤처기업이었다. 그런 벤처기업이 사운을 걸고 개발한 개인용 컴퓨터의 새 출시를 공지하기 위한 광고인데 기능이나 성능 설명은 고사하고 상품 컷조차 나오지 않았다.

이 광고에서는,

매킨토시에 얼마나 편리한 기능이 갖추어져 있는가?

매킨토시로 사용자의 능력은 어떻게 확장되는가?

매킨토시로 인해 어떤 사회가 도래하는가?

이런 점은 전혀 언급되지 않았다. 그려진 것은 단 하나,

'매킨토시로 인해 어떤 사회가 도래하지 않는가?'

이뿐이었다.

이 광고의 자막이 비전을 말할 때 항상 이용되는 긍정형 'will be(~가 된다)'가 아니라 부정형 'won't be(~가 되지 않는다)'로 끝을 맺었다는 점에 주목하자.

제 3 장

요컨대 이 광고는 '우리의 적은 누구인가? 우리는 무엇과 싸우는가?'라는 일종의 매니페스토이며, 한마디로 '선전 포고'인 셈이다. 전 세계 광고 관계자들이 사상 최고의 광고라고 극찬하는 광고 내용이 사실 아무것도 긍정하지 않고, 반대로 전면적인 부정만을 그리고 있다는 점은 시사하는 바가 매우 크다고 본다.

부정 신학에 의한 사회의 조각

이 접근법은 기독교 신학에서 부정 신학의 접근법을 떠올리게 한다. 부정 신학에서는 신에 관한 지식이나 이해를 '신이란 무엇인가?'라는 논점에 근거한 고찰이 아니라 '신이 아닌 것은 무엇인가?'라는 논점에 근거한 고찰을 통해 파악한다.

왜 이런 접근법을 취할까? 신은 인간의 이해나 능력을 초월한 존재이기 때문에 신의 전적인 자질이나 능력을 인간이 파악하고 기술하는 것은 애초에 불가능하다는 것이 부정 신학의 전제이다. 즉 전 세계에서 '신이 아닌 것'에 대한 의미의 접점들을 무수히 제거하는 것으로 불가사의한 신의 윤곽을 조각한다는 것이 부정 신학의 접근 방식이다.

같은 접근법이 사회 구상에도 효과적일 수 있다.

일찍이 토머스 모어Thomas More를 시작으로 윌리엄 모리스William Morris나 많은 논자들에 의해 이상적인 사회란 어떤 사회인가?라는 물음의 답으로 다양한 유토피아 모델이 제안되었는데, 이러한 제안은 오늘날 거의 반추할 수 없게 되었다.

한편 유토피아 소설과는 정반대의 앞서 언급한 조지 오웰의 『1984』를 비롯해 이상적이지 않은 사회를 그린 디스토피아 소설들이 오늘날에도 자주 언급되고 있는 것을 생각하면, 우리는 접근법을 반대로 뒤집어야 할지도 모른다.

많은 사람들이 참여하여 각자가 가지는 이상 사회의 이미지를 다양하게 엮는 사회 개혁 운동이 만약 가능하다면, 그 운동은 '이상 사회란 어떤 사회인가?'라는 물음보다는 오히려 '어떤 사회가 이상 사회가 아닌가?'라는 부정 신학적인 물음으로 구동될지도 모른다. 만약 그렇다면, 우리가 현 사회의 상태를 비판적으로 바라보는 태도야말로 사회 운동, 사회 구상에 꼭 필요한 덕목일지도 모른다.

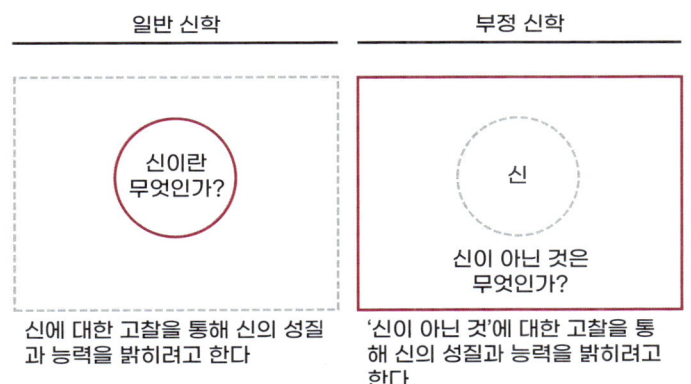

도표6 일반 신학과 부정 신학

일반 신학	부정 신학
신이란 무엇인가?	신이 아닌 것은 무엇인가?
신에 대한 고찰을 통해 신의 성질과 능력을 밝히려고 한다	'신이 아닌 것'에 대한 고찰을 통해 신의 성질과 능력을 밝히려고 한다

제 3 장

제 4 장

크리티컬 비즈니스 패러다임의 배경

지금까지 크리티컬 비즈니스 패러다임이 무엇이고 기존의 어퍼머티브 비즈니스 패러다임과는 어떻게 다른지에 대해 살펴보았다.

이 장에서는 21세기에 들어와서 일어나는 크리티컬 비즈니스 패러다임의 대두가 우리 사회의 어떠한 변화로 인해 구동되었는지를 생각해보자.

크리티컬 비즈니스 패러다임 대두의 구조 원리

21세기에 들어와서 크리티컬 비즈니스가 부상하고 있는 원리를 고찰하기 이전에, 우선 우리가 지금, 어디에 있는가?라는 점을 짚고 넘어가 보자. 이 논점은 크리티컬 비즈니스가 대두하는 구조 원리를 이해하려면 반드시 짚고 넘어가야 할 포인트이다.

도표7 주요국의 GDP 성장률 추이

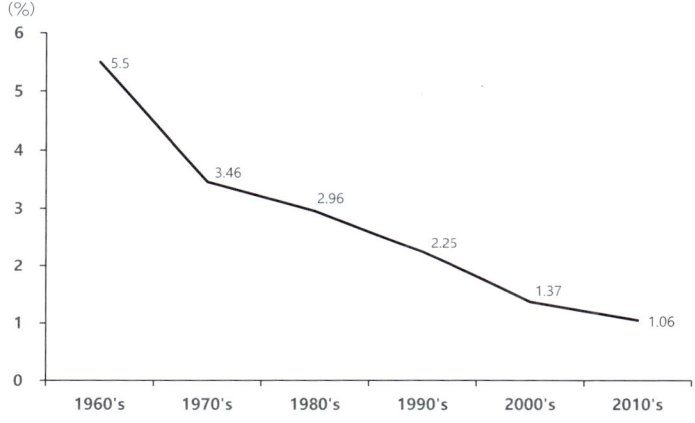

[도표7]을 살펴보자. 이는 세계은행이 발표하고 있는 선진 7개국, 이른바 G7의 평균 GDP 성장률 추이를 시계열로 정리한 것이다. 데이터는 2020년까지의 집계로 코로나 팬데믹의 영향은 포함되어 있지 않다.

한눈에 알 수 있듯이 선진 7개국의 경제 성장률은 GDP 통계를 내기 시작한 1960년대를 정점으로 과거를 한 번도 상회하지 않고 꾸준히 하락하고 있음을 알 수 있다.

이 그래프를 보면 현재 세계에서 떠들썩하게 논의되고 있는 '성장이냐, 탈성장이냐'라는 논의가 애초에 논점으로서 파탄 났음을 알 수 있다. '성장이냐, 탈성장이냐'라는 논의는 우리의 의지에 따라 어느 한쪽의 선택지를 선택하는 것이 가능하다는 것을 전제로 하고 있지만, 이 그래프를 보면 우리에게 선택의 여지는 없다. 세계는 초장기적인 트렌드로서 필연적인 '탈성장 사회'로 향하고 있다.

그런데 생각해보면 이상하지 않은가? 우리는 1990년대 인터넷의 보급 혹은 2000년대 스마트폰의 보급, 혹은 2010년대 수많은 기술 혁신의 보급으로 사회가 크게 변했고 우리의 생활 역시 변화했음을 알고 있다. 그런데 그 변화가 경제 성장률에는 반영되지 않는다.

기술 혁신이 경제를 성장시킨다는 주장을 천진하게 휘두르는 사람이 많은데, 이런 생각은 일종의 종교다. 과학적인 증거가 없음에도 불구하고 단순히 그렇게 믿고 싶은 사람이 그렇게 믿고 있을 뿐이기 때문이다. 2019년 노벨 경제학상을 수상한 두 명의 경제학자 아브히지트 바네르지Abhijit Banerjee와 에스테르 뒤플로Esther Duflo, 이 두 사람은 근거 없는 기술의 진보로 인한 과도한 기대에 경종을 울리고 있으며, 최근 저서 『힘든 시대를 위한 좋은 경제학』에서 '인터넷의 출현으로 새로운 성장이 시작되었다는 증거는 일절 존재하지 않는다'고 단언했다.

왜 수많은 기술 혁신이 일어나고 있음에도 불구하고 경제 성장률은 계속해서 하락의 길을 걸으며 반전의 조짐을 보이지 않을까? 경제학자들은 이 불가사의한 현상에 대해 다양한 고찰을 펼치고 있는데, 최대공약수적으로 대답하자면 '사회에 잔존하는 문제가 적어졌기 때문'이다.

자본주의와 시장 원리는 '큰 문제'부터 해결한다

비즈니스는 지금까지 시대마다 사회에 존재하는 문제를 해결함으로써 경제적 가치를 창출해 왔다. 따라서 사회에 남아 있는 문제가 줄어들면 경제 성장은 정체된다.

아래의 [도표8]을 살펴보자. 이 도표는 사회에 존재하는 문제를 '보편성'과 '난이도'에 따라 정리한 표이다.

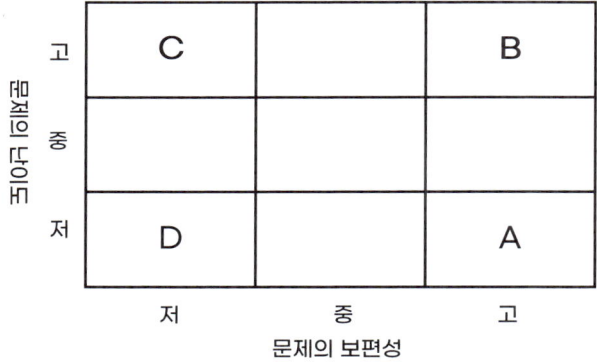

도표8 문제의 보편성과 난이도

비즈니스의 역할을 사회가 안고 있는 '불만, 불안, 불편'이라는 문제의 해결이라고 정의한 다음, 세계에 존재하는 모든 문제를 이 표 안에 집어넣어 정리한다고 생각해보자.

가로축의 보편성은 그 문제를 안고 있는 사람의 수를 나타낸다. 즉 보편성이 높은 문제란 수많은 사람이 고민하는 문제를 의미한다. 반대로 보편성이 낮은 문제는 극히 일부 사람만이 고민하는 문제를 말한다.

한편, 세로축의 난이도는 그 문제를 해결하는 데 필요한 자원의 양을 나타낸다. 난도가 높은 문제는 해결하는 데 사람, 물건, 돈 등의 자원이 많이 필요하다는 뜻이다.

반대로 난도가 낮은 문제는 해결하는 데 사람, 물건, 돈 등의 자원이 적게 든다는 뜻을 나타낸다.

자, 이렇게 정리된 문제를 지금까지의 사회가 어떻게 해결해왔는지 생각해보자.

자본주의에서는 가장 이익이 높은 곳에 자본이 모이기 마련이므로 시장은 우선 오른쪽 아래 A의 영역부터 문제를 해결한다. 이렇게 A의 영역에 착수하는 기업가가 늘어나면 머지않아 이 영역의 문제 대부분이 해결되는 상황에 이른다. 이미 해결된 문제를 두 번째, 세 번째로 해결해도 얻을 수 있는 한계 이익은 작아진다, 즉 경제학에서 말하는 한계 효용 체감이 발생하므로 이러한 상황에 이르면 나중에 뛰어드는 기업가는 결국 다른 문제를 해결해야 한다.

자본주의와 시장 원리의 한계

그런데 이렇게 문제의 탐색과 해결을 계속해서 이어가면 결국

도표9 경제 합리성 한계 곡선

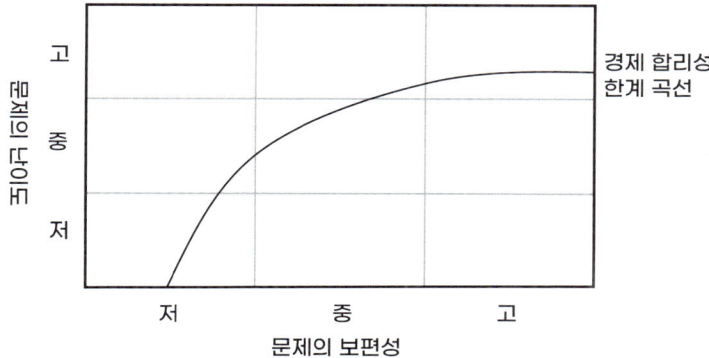

문제 해결에 드는 비용과 문제 해결로 얻을 수 있는 이익이 균형을 이루는 한계선, [도표9]에 나와 있는 '경제 합리성 한계 곡선'에까지 도달하게 된다.

이 곡선의 위쪽으로 가려고 하면 문제 해결의 난도가 너무 높아져 투자를 회수할 수 없다는 한계에 부딪히고, 이 곡선을 왼쪽으로 빠져나가려고 하면 문제 해결로 얻을 수 있는 이익이 너무 작아 회수할 수 없다는 한계에 부딪힌다.

다시 말해, 이 곡선의 안쪽에 있는 문제라면 시장이 해결할 수 있는 문제지만 이 곡선의 바깥쪽에 있는 문제는 원리적으로 미착수 상태로 있을 수밖에 없다. 문제 해결의 범위는 곡선에 의해 규정된다.

밀턴 프리드먼Milton Friedman으로 대표되는 시장 원리주의자는 정부가 쓸데없는 일을 벌이지 말고 사회에 존재하는 문제의 해결은 시장에 맡겨두어야 한다고 주장했다. 하지만 이는 경제 합리성 한계 곡선 안쪽에 있는 경제적 과제에만 해당하는 이야기로, 선 바깥에 있는 사회적 과제는 원리적으로 해결할 수 없다.

여기서 포인트가 되는 것이, 시장 원리의 틀 안에서는 '사회 문제'가 해결되기 어렵다는 것이다. 사람들이 자기 돈을 써서라도 해결하려 하는 것은 무엇보다도 우선은 자신과 관련이 있는 문제이기 때문이다. 아무리 기술이 현저하게 진보하고 획기적인 혁신이 일어났다고 해도, 애초에 사람들이 돈을 내서라도 해결하려는 문제, 즉 자기 돈을 써서라도 해결하고 싶은 문제가 없어지면 경제 성장은 거기서 멈춘다. 그리고 이것이 바로 선진국에서 현재 벌어지고 있는 일이다.

여기에 큰 역설이 있다. 경제는 무한한 성장을 추구하지만, 같은 성장률을 유지하기 위해 필요한 성장의 증분은 복리로 증가하므로 해를 거듭할수록 천문학적인 양의 성장이 필요하다.

한편, 앞에서 말한 것처럼 기업은 '큰 문제'부터 차례로 해결해 가기 때문에 해마다 사회에 잔존하는 문제들은 중요도가 작은 것이고 그래서 더욱 해결이 어려워진다. 요구되는 성장은 해를 거듭할수록 커지는 반면, 해결함으로써 수익을 가져다주는 문제들은 점점 작아지고 또한 어려워지고 있다. 이런 식이면, 결국 언젠가는 파탄 날 게 명백한 '불가능한 게임'을 벌이는 것이다.

그러나 만약 잔존하고 있는 '중요도가 작은 개인적 문제'와

'중요도는 높지만 비용이 많이 드는 사회적 문제'를 수많은 사람이 '자기 일'로 받아들이게 되면 어떤 일이 일어날까? 그렇다, 경제 합리성 한계 곡선은 무시하고 시장 원리 바깥에 있어 해결되지 않았던 문제는 시장 원리 내부에서 해결을 도모할 수 있는 문제로 전환된다. 바로 이것이 현재 사회에서 진행되고 있는 크리티컬 비즈니스 패러다임 대두의 전제 조건이자 배경이라고 할 수 있다. 기존에 손댈 수 없었던 문제가, 크리티컬 비즈니스를 통한 사회의 개발과 뉴타입에 의한 공감의 확산으로 현재 많은 사람들에게 의식되고 있고, 결과적으로 이러한 문제를 해결하는 크리티컬 비즈니스가 자본주의와 시장 원리 속에서 존재감을 더해가고 있는 것이다.

타인에게 공감하는 힘이 변화를 만들어낸다

이러한 변화를 만들어내는 중심적인 힘이 되는 것이 '공감력 있는 시민'의 증가다. 그들의 증가로 크리티컬 비즈니스의 존재감이 높아지고 이것이 산업과 사회의 변화를 일으키고 있다. 도대체 무슨 일이 일어나고 있는 걸까? 두 가지 포인트를 짚어보도록 하자.

하나는 크리티컬 비즈니스를 통해 사회를 고발하고 구성원을 계발하는 것이다. 크리티컬 비즈니스 활동으로 보편성이 낮은 문제의 존재를 사회에 고발함으로써 그 문제의 존재를 인식하고 그 문제에 마음 아파하는 사람이 늘어나면 경제 합리성 한계 곡선 바깥에 있던 보편성이 낮은 문제는 안쪽에 있는 보편성이 높은 문제로 변환된다.

두 번째 구동 요인은 공감력 있는 개인의 증가다. 멀리 떨어져 있는 얼굴도 모르는 누군가가 안고 있는 문제에 마음 아파할 수 있는 공감력을 가진 사람이 늘어나면 보편성이 낮은 문제는 경제 합리성 한계 곡선의 안쪽에 있는 보편성이 높은 문제로 전환된다.

왜 현재 사회에서 사람들의 '공감하는 힘'이 증대하고 있을까? 크게 두 가지 이유를 들 수 있다.

첫 번째 이유는 물질적인 여유다. 근대 이전의 사회에서 사람들은 오늘과 내일의 삶을 영위하기 위해 필사적이었고, 타인의 상황을 고려할 여유가 있는 사람은 극히 일부로 한정적이었다. 그러나 오늘날, 특히 선진국에서는 많은 사람들이 기본적인 물질적 요구를 충족하게 되면서 보다 공공적, 사회적인 문제에 관심을 기울이기 시작했다.

두 번째 이유는 정보 통신의 발전이다. 정보 통신과 관련된 기술 발전으로 그동안 알기 어려웠던 전 지구적인 문제에 관한 정보를 쉽게 얻을 수 있게 되었다. 또한 개인 미디어를 통한 감정에 호소하는 형식의 정보를 자주 접하게 되었다는 점에서 공감의 지리적 범위가 폭넓어졌다고 볼 수 있다.

'먼 타인'과 '미래의 타인'을 향한 공감

여기서 주의해야 할 것이 공감의 범위는 공간축뿐만 아니라 시간축으로도 확대된다는 점이다. 공감력이 있는 개인은 공간축에서 멀리 떨어진 사람의 문제에 공감할 뿐만 아니라 시간축에서 멀리 떨어진 사람의 문제에도 공감할 수 있다. 사회학자 오사와 마사치大澤眞幸의 말을 빌리자면 '미래의 타인'이 가지게 될 문제의 해결을 현세대에게 요구할 수 있다는 것이다.

미래의 타인이 안게 될 문제의 해결을 현세대에게 요구할 수 있다면, 우리 사회는 미래의 문제를 현재의 문제로서 다룰 수 있게 돼, 문제의 희소화라고 하는 과제는 선취한 미래 몫만큼 줄어든다. 즉 얼마나 멀리 떨어진 미래의 타인의 문제를 다룰 수 있느냐에 따라 문제의 시장 크기가 결정된다는 말이다. 여기에 '미래의 타인에 공감하는 공감력'이 시장 경제의 추세를 좌우하는 커다란 요인으로 나타난다.

이렇게 생각해보면, 그 사회의 사람들이 가지고 있는 공공성에 대한 관심, 미래의 타인에 대한 관심의 기본적인 수준이 크리티컬 비즈니스의 발생과 성장에 크게 관여한다는 것을 알 수 있다.

단적으로 말해 공공성에 대한 관심이 낮으면 크리티컬 비즈니스는 생기기 어려우며, 생긴다 한들 크게 성장하지 못한다. 그리고 이 지점이 바로 21세기에 들어와 서구 사회에서 크게 존재감을 드러낸 크리티컬 비즈니스가 일본 사회에 좀처럼 생기지 않는

도표10 시간축이라는 세 번째 축의 투입

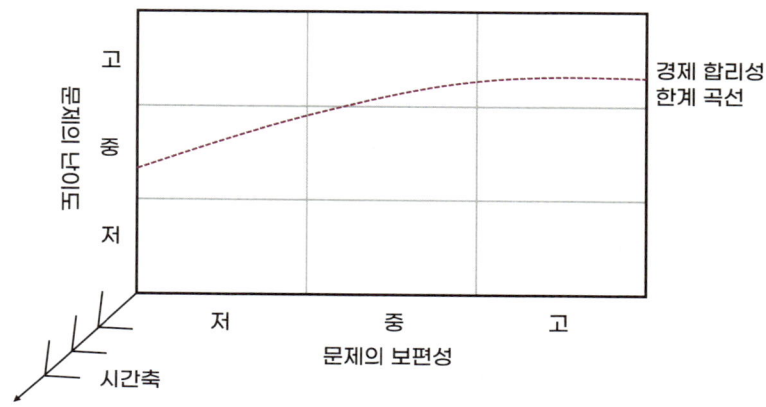

본질적인 이유라고 생각한다.

사회 운동에 일어나고 있는 변화

사회 운동의 역사를 풀어보면 참 흥미롭다. 어떠한 성과를 획득한 사회 운동은 모두 실로 색채가 풍부하고 개별적으로 독특한 창조성을 갖추고 있어서, 사회 운동은 그 자체가 일종의 종합 예술처럼 느껴진다.

현재까지 확인된 바로는 역사상 최초의 사회 운동은 고대 이집트의 람세스 3세를 위한 피라미드 건축 현장에서의 파업이었던 것으로 알려져 있다. 노동자들의 피라미드 건설 노역은 혹독했는데, 그에 비해 노동 현장에서 점심 식사가 제대로 배급되지 않자 이것에 분노해 역사상 가장 오래된 파업을 결행하였고, '점심 식사의 안정 공급'이라는 성과를 쟁취했다고 한다. 그 이후, 이를테면 고대 그리스에서 반전을 요구하는 여성의 '성 파업'을 비롯한 여러 가지 독특한 사회 운동이 역사에 등장했다.

사회 운동의 역사를 통해서 지적할 수 있는 것은 고대부터 20세기 중반까지 이뤄진 사회 운동의 대부분은 당사자들의 물질적, 경제적 어려움 해소를 목적으로 하고 있었다는 점이다. 그러나 20세기 후반부터 21세기에 걸쳐 사회 운동은 질과 양적으로 큰 변화를 이루었다. 어떤 변화가 일어나고 있을까?

사회 운동은 급격히 증가하고 있다

우선 양적인 측면부터 말하면 사회 운동은 최근 몇 년간 극적으로 증가하고 있다. 하버드대학 행정대학원에서 사회 운동에 관한 연구를 하는 에리카 체노웨스Erica Chenoweth는 최근 저서 『비폭력 시민운동』에서 2010년부터 2020년까지의 10년간은 기록에 남아 있는 역사상의 그 어떤 10년보다도 많은 비폭력적인 사회 운동이 일어났다는 점, 그리고 특히 21세기 첫 20년 동안에 일어난 사회 운동 수는 20세기 전체 100년 동안 일어난 수보다 많았다는 점을 지적하고 있다. 즉 21세기에 들어선 후 사회 운동 빈도는 급격히 증가하고 있다.

우리 사회는 그 어느 때보다도 사회 운동으로 인한 영향을 많이 받고 있다. 그리고 이것이 불확실성을 높이는 하나의 요인이 되기도 한다. 뉴욕에 본거지를 둔 지정학적 리스크를 전문으로 취급하는 컨설팅 회사 유라시아 그룹은 2023년 세계 10대 리스크 중 하나로 '러시아 관련 안보 위기'나 '시진핑의 권력 집중'과 함께 'SNS를 활용해 사회 변혁에 도전하는 Z세대'를 꼽고 있다.

사회 운동은 '나를 위해서'에서 '타인을 위해서'로

자, 이번에는 질적인 측면에 대해 생각해보자. 앞서 설명한 대로 20세기 중반까지 사회 운동 대부분은 운동과 관련된 당사자의 물질적, 경제적 어려움 해소를 위한 목적이었다. 그런데 최근, 특히 선진국의 사회 운동은 물질적, 경제적 곤란의 해소를 목적으로 하기보다는 환경 문제 해결이나 사회적 평등 및 공정 회복을 목적으로 하는 운동이 주류를 이룬다.

예를 들면, 스웨덴의 운동가 그레타 툰베리Greta Thunberg가 시작한 'Fridays For Future(미래를 위한 금요일)', 인종차별 철폐를 요구하는 'Black Lives Matter', 성폭력 고발을 확산시킨 'Me Too 운동', 일련의 LGBTQ+의 권리를 지키기 위한 사회 운동 등이 있다. 말하자면 이러한 사회 운동은 운동 당사자의 문제가 아니라 먼 타인이나 미래의 타인의 문제를 해소하기 위한 운동이었다.

이렇듯 고대 이래 역사를 통틀어 지금까지 주류였던 '나를 위한 운동'은 21세기에 들어와 '타인을 위한 운동'으로 바뀌고 있다. 그렇다면 사회 운동이 질적으로 바뀐 이유는 무엇일까? 왜 이런 변화가 일어났을까? 이유는 크게 다섯 가지로 볼 수 있다.

첫 번째로는 경제적 발전으로 인한 물질적 부족의 해소다. 특히 선진국을 시작으로 기본적인 물질적 요구가 충족되면서 사람들은 보다 공공적이고 사회적인 문제에 초점을 맞추기 시작했다.

두 번째로는 세계화로 인한 국제적 인식의 고조다. 세계화의 진전으로 이전과 비교하여 개별 국가에서 높아진 문제의식이 국경을 초월하여 공유가 가능해졌다. 기후변화와 같은 문제는 더 이상 특정 국가나 지역만의 문제가 아니다.

세 번째로 미디어와 커뮤니케이션 형태의 변화를 들 수 있다. 특히 일반 시민이 세계로 정보를 발신할 수 있는 플랫폼인 소셜 미디어의 대두는 개인이 광범위한 문제를 파악하고 의식을 높여 행동을 일으키게 하는 계기를 제공한다.

현재 전 세계적으로 53억 명의 사람이 인터넷에 접속할 수 있는 환경에 있으며, 그중 50억 명이 SNS를 이용하고 있다. 전 세계의 개인이 다른 지역에 있는 무수한 개인과 연결이 가능해지면서 현대의 사회 운동은 물질적인 부족이나 경제적 어려움을 넘어 더욱 폭넓은 주제를 다루게 되었다. 사회가 발전하면서 사람들의 관심과 가치관도 진화하고 있다.

네 번째로 교육을 통한 의식 향상이다. 특히 현대의 젊은 세대는 이전 세대보다 높은 교육 수준을 누리고 있으며 세계적인 문제에 대한 인식과 이해가 깊다. 교육을 통해 환경 문제, 사회적 정의, 인권 등에 대해 배우면서 공감대를 키워가고 있다.

마지막으로 다섯 번째, 가장 큰 이유로 보는 것이 바로 가치관의 변화다. 다양한 조사에서 물질적인 풍요보다 사회적인 의미, 개인의 정체성 및 윤리적인 가치를 중시하는 경향이 젊은 세대에서 보인다고 보고되었다. 이는 사회 운동이 개인의 물질적인 부족이나 경제적인 어려움에서 광범위한 사회적, 환경적인 문제로 이동하는 큰 요인이 되었다.

위의 다섯 가지 요인에는 공통적인 특징이 있다. 그것은 이러한 변화가 불가역적이라는 점이다. 만약 이러한 요소들로 인해 '공감력 있는 사람들'이 증가하고, 그 증가가 크리티컬 비즈니스 발생의 구동 엔진이 되고 있다면 이 트렌드는 장기적으로 지속될 것이다.

욕구의 억제가 아닌 새로운 욕구의 대두

여기서 유의해야 할 부분은 이러한 공감대는 윤리나 도덕, 의무라고 하는 규범으로 양성되는 것이 아니라는 점이다. 영국의 철학자 케이트 소퍼Kate Soper는 근래, 특히 일정한 세대 이하에서 뚜렷하게 드러나는 환경과 사회를 배려한 라이프 스타일이나 소비 스타일은 '자기 이익을 억제하는 것', 즉 일종의 '오기'로 구동되는 것이 아니라 오히려 '환경과 사회를 위한 배려가 자기 이익으로 내부화되는 것'에 의해 움직인다고 지적했다.

그녀는 단적으로 이 현상을 'Alternative Hedonism(대안적 쾌락주의)'라는 개념으로 정리했는데, 자신들의 욕구나 쾌락을 억제함으로써 새로운 소비 스타일이 생기는 것이 아니라, 보다 환경에 적합한 소비생활을 하고 싶고 타인의 문제를 해결하고 싶다는 새로운 욕구와 쾌락의 등장으로 새로운 소비 스타일이 생겨나고 있다는 말이다. 바로 '자본주의의 해독'이 일어나고 있다는 것이 소퍼의 해석이다.

이는 매우 중요한 지적으로 볼 수 있다. 만약 이러한 사회적인 흐름이 억제로 인해 생겨난다면 이 흐름은 머지않아 반드시 원래대로 돌아가기 때문이다. 억제는 지속 가능하지 않다. 규율에 억눌려 있는 욕망이나 욕구의 질이 본질적으로 변화하지 않는다면 언젠가는 반드시 큰 역효과로 되돌아와 이전보다 더 나쁜 결과를 일으킨다.

지금 우리 사회는 20세기 이전에 허용적이었던 욕망과 욕구를 억제하는 것이 아니라, 그것을 극복하며 업데이트하는 추세로 진행되고 있다.

금욕과 해방의 이항 대립을 넘어서다

오스트리아 출신의 사회사상가 이반 일리치Ivan Illich는 환경위기의 유일한 해결책으로 '환경 파괴적이지 않은 생활 방식을 통해 우리는 지금보다 행복해진다'라는 통찰을 사람들이 가지는 것이라고 말했다. 일리치는 이러한 '자립 공생적인 생활 방식'을 '기쁨에 찬 절제와 해방되는 금욕'이라는 말로 표현했다.

재미있는 표현이다. 절제는 보통 '고통에 찬' 것으로 여기기 쉬운데, 여기서 일리치는 '기쁨에 찬 절제'로 말한다. 이 절제는 어떤 기쁨을 억압하는 것이 아니라 절제 그 자체가 기쁨이 되는 성질임을 말하고 있다.

마찬가지로 '해방되는 금욕'이라는 표현도 모순적으로 느껴지는데, 보통 금욕은 해방과는 정반대의 속박을 만들어내지만 일리치에 따르면 오히려 금욕을 통해 해방되는 금욕의 형태가 있을 수 있다고 말하는 것이다.

전작 『비즈니스의 미래』에서 우리의 삶을 미래를 위해서 현재를 수단화하는 수단주의가 아닌 '현재의 행위 그 자체가 현재의 기쁨이 되어 돌아오는 자기충족적'으로 전환해 나가야 한다고 지적했다. 일리치도 마찬가지로 절제나 금욕을 수단적이 아니라 그 자체가 기쁨이 되어 돌아오는 목적적(자기충족적)이 되어야 하며 충분히 가능하다고 말한다.

사회학자 게오르그 짐멜Georg Simmel은 과거 청빈을 신조로 삼았던 가톨릭 수도회의 한 갈래인 프란치스코회 수도사들에게서 보이는 지상의 행복과 정신의 해방은 그들의 '절대적인 무소유'에 의해 이루어진다는 취지의 주장을 했다. 환속한 전 가톨릭 신부인 일리치도 이 '절제와 금욕을 뚫고 행복과 해방에 이른다'는 사고방식을 공유하고 있는 듯하다.

과거 일부 종교인들에게서만 볼 수 있었던 욕망의 업데이트가 어쩌면 광범위하게 일어나고 있는지도 모른다.

탈물질화하는 세계

최근, 특히 선진국의 젊은 세대에서 욕구의 질에 변화가 일어났음이 여러 연구에서 시사되고 있다.

사회학자 로널드 잉글하트Ronald Inglehart는 그의 저서 『문화 진화론(Cultural Evolution)』에서 그가 40여 년 전에 저술한 저서 『조용한 혁명』에서 말한 사회가 풍요로워짐에 따라 물질주의에서 탈물질주의로의 변화가 일어난다는 가설을 검증한 최근 프로젝트의 결과에 대해 다음과 같은 취지로 말했다.

"1970년대 초 조사 대상이었던 6개의 국가 모두에서 물질주의가 탈물질주의를 훨씬 앞질렀으며, 탈물질주의자와 물질주의자의 비율은 1 대 4, 최연장자 세대에서는 1 대 14의 결과가 나왔다. 그 후 대규모의 전환이 발생해 2000년대에는 서유럽에서 탈물질주의자와 물질주의자의 비율은 거의 반반, 미국에서는 2 대 1, 북유럽에서는 5 대 1이 되었다. 물질적 안정이 증가하고 생존에 대한 안정감이 높은 수준에 도달한 국가에서는 앞으로도 비슷한 변화가 나타날 것으로 예측한다."

잉글하트의 지적은 우리에게 중대한 시사점을 안긴다. 만약 세계가 초장기적인 물질적 번영의 과정 한가운데에 있고 머지않아 현재 신흥국 및 개발도상국으로 불리는 지역도 포함하여 전 지구적으로 물질적 안정성이 증가한다면, 현재 선진국에서 볼 수 있는 물질주의에서 탈물질주의로의 전환은 전 세계적이고 초장기적인 트렌드로 지속될 가능성이 높다는 말이다.

이는 안전, 쾌적, 편리라고 하는 기본적인 가치가 포화한 세계에서 거대하고 새로운 시장 즉, '탈물질주의라는 새로운 가치관'이 앞으로 크게 성장할 것임을 의미한다.

가치관의 변화는 상전이처럼 일어난다

주의해야 할 것은 소수가 다수에 영향을 미쳐 사회의 가치관과 규범이 바뀔 때 그 변화는 비선형적인 과정을 거치면서 어느 시기를 경계로 단숨에 변화하는 경향이 있다는 점이다.

두 가지 연구를 소개하겠다. 초기 사회심리학의 영역에서 동조 압력이 개인의 태도에 어떤 영향을 미치는지를 연구한 솔로몬 애쉬Solomon Eliot Asch는 사람들의 태도 변화는 입력되는 정보의 점유율 변화에 따라 선형적으로 일어나는 것이 아니라 [도표11]이 보여주듯이 어떤 임계치를 넘었을 때 급격하게 일어난다고 한다. 사회에서의 태도 변화는 어니스트 헤밍웨이의 표현을 빌리면 '서서히 그러다가 갑자기' 일어난다.

애쉬의 이 지적을 근거로 하면 현재 사회에서 증가 추세에 있

도표11 정보 공유와 태도 변화의 관계

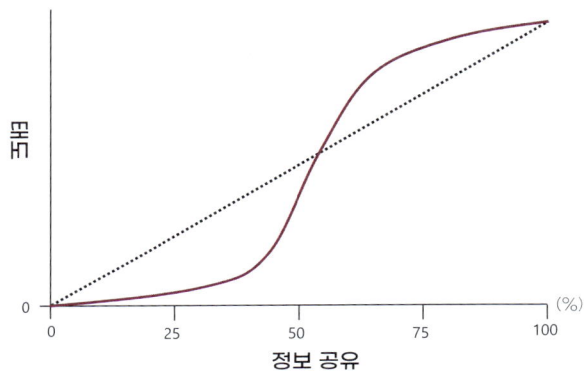

는 공감력 있는 시민의 가치관은 어느 선을 넘었을 때 급격히 다수 쪽으로 전환될 가능성이 있다. 그리고 이 가설은 현재 진행되고 있는 전 세계적인 사회 운동의 트렌드와도 들어맞는다.

또 다른 연구는 사회심리학의 창시자 중 한 명인 세르주 모스코비치Serge Moscovici의 '소수의 영향력 이론'이다. 사회의 추세가 다수에 의해 결정된다면 사회의 다수가 지지하는 가치관과 규범은 전혀 변화하지 않을 것이다. 그러나 과거의 역사를 돌아보면 우리 사회는 지금까지 줄곧 다수가 옳다고 여겼던 가치관과 규범이 전환하면서 변천해 왔다. 여성의 권리를 확대하고, 노예제도를 폐지하고, 성적 지향의 다양성을 수용하며, 식민주의와 제국주의를 부정하는 등, 이것들은 모두 그 당시 압도적으로 다수였던 사람들의 규범, 윤리관, 가치관이 전환함으로써 실현되었다.

사회 변화는 소수가 주도한다

사회의 변천은 다수가 아니라 오히려 소수가 주도한다. 모스코비치는 소수의 의견이나 행동이 다수에 영향을 줌으로써 사회가 변모해 가는 것에 주목하며 그것을 '소수의 영향력 이론'이라는 개념으로 정리했다. 즉, '소수가 무력하다는 것을 의미하지는 않는다'라는 사실을 강조한 것이다.

모스코비치의 연구는, 사람들은 다수의 의견을 접했을 때는 표면적인 태도는 다수에게 접근하는 것 같지만 속마음은 변하지 않고, 소수의 의견을 접했을 때는 표면적인 태도는 변하지 않지만 속마음은 바뀌고 있다는 것을 밝혀냈다.

소수와 같은 의견을 표명하는 것은 조롱이나 제재를 초래할 가능성이 있어서 공개적으로 이를 지지하는 것은 망설여진다. 하지만 마음속 깊은 곳에서는 무의식적인 변화가 일어나 이것이 중장기적이고 지속적인 태도 변화로 이어진다. 다수와 소수는 당장의 영향력 크기에는 차이가 있지만, 사실 사회 변혁에 있어 중요한 것은 '소수의 영향력'이다.

모스코비치의 소수의 영향력 이론은 사회의 변화가 다수에 의한 큰 리더십이 아니라 오히려 소수에 의한 작은 리더십에 의해 일어난다는 점을 시사한다. 크리티컬 비즈니스는 앞에서 말한 바와 같이 원리적으로, 그 시점에서 다수의 합의가 이루어지지 않은 문제를 제기하고 사회 변화를 목표로 하는 이니셔티브이다.

그래서 '소수의 의견과 행동으로 다수가 영향을 받아 사회가 변모해 간다'라는 모스코비치의 이 이론은 큰 통찰을 보여준다.

제 5 장

사회를 변혁한 크리티컬 비즈니스의 실천 사례와 다양성

크리티컬함의 패턴

앞 장에서는 크리티컬 비즈니스가 발생하는 사회적·구조적인 요인에 대해 설명했다. 여기에서는 그러한 크리티컬 비즈니스의 사례를 소개하면서 '크리티컬함'의 다양성에 접근해보자.

앞에서 말했듯이 크리티컬 비즈니스의 '크리티컬'에는 다양한 의미가 포함되어 있다. 이는 사람들이 의식하지 않았던 의심을 갖게 하는 계기이며, 소수와 피억압자의 존재를 깨닫게 하는 계기이고, 기존 시스템의 연장선상에 무엇이 기다리고 있는지를 상상하게 하는 계기가 된다.

이러한 '크리티컬함'은 기존의 제도와 가치관에 도전하는 혁명적인 비즈니스, 소수와 피억압자의 소리를 대변하는 비즈니스, 혹은 환경이나 지속 가능성을 중심적인 과제로 두는 비즈니스 등 사회 운동으로서의 측면을 강하게 가진 비즈니스와 연결된다. 역사상 사회 운동의 접근 방식, 목적, 비판의 대상 등이 다양했던 것과 마찬가지로 크리티컬 비즈니스의 모습 역시 같지 않다.

앞 장에서, 특히 21세기 들어와서 크리티컬 비즈니스의 존재감이 눈에 띄게 커지고 있다고 지적했는데, 역사를 돌아보면 단편적인 사례는 이미 20세기 중후반에 걸쳐 세계 곳곳에서 볼 수 있었다는 걸 알게 된다.

이 장에서는 그러한 사례들을 다음과 같은 유형으로 정리하여 살펴보겠다.

1. 지배적 가치관에 대한 비판.
2. 빈곤과 경제적 불평등의 해결.
3. 기후변화·자원고갈 대응.
4. 기업윤리와 투명성 향상.
5. 노동자의 권리와 복지 향상.
6. 다양성과 포용 추진.
7. 지역사회와 공동체 생성.

이것들은 각각 배타적이지 않고 크리티컬 비즈니스의 사례에 따라서는 여러 요소를 포함하는 것도 있으나, 여기서는 단순화를 위해 각각의 사례를 하나하나의 요소에 대응해 소개하겠다.

지배적 가치관에 대한 비판 – 폭스바겐사의 'Think Small' 캠페인

첫 번째 사례로 다루고 싶은 것이 1950년대 말 미국에서 벌인 독일 폭스바겐사의 'Think Small' 광고 캠페인이다. 광고 관계자들 사이에서는 전설적인 사례로 잘 알려진 이 캠페인은 크리티컬 비즈니스의 초기 사례라고 할 수 있다.

크면 클수록 좋다는 가치관에 대한 반항

당시 미국은 크고 화려한 차를 선호했는데 그런 상황 속에서 폭스바겐은 굳이 시장의 추세와는 정반대의 방향을 내세워 'Think Small(작게 생각하라)'이라는 캠페인을 벌였다.

1950년대의 미국은 제2차 세계대전 후의 호경기로 번영의 시대에 있었고 대형차가 성공의 상징이 되는 소비문화가 번성을 맞이하고 있었다. 자동차는 무조건 클수록 좋다고 여겼으며 자동차 회사들은 그런 사회 풍조에 수용적으로 대응해 잇달아 대형차를 출시하면서 자동차 비대화에 제동이 걸리지 않는 상황이었다. 당시에는 그 보수적인 메르세데스 벤츠조차 항공기의 수직 꼬리 날개 같은 기묘한 날개를 단 세단을 미국에서 판매하고 있었다. 그렇게라도 하지 않으면 팔리지 않았다는 뜻이다.

그런 시대의 풍조 속에 나온 것이 'Think Small' 캠페인이었다. 이 캠페인은 물론 폭스바겐이라는 자동차의 작은 크기를 호소하는 광고였지만, 그 핵심은 '필요하고 최소한의 것만 가지고, 낭비를 줄이는 풍요로움을 다시 생각해보자'라는, 오늘날의 말로 표현하면 '미니멀리즘'에 대한 가치관과 철학을 전하고 있었다.

왜 이 제안이 크리티컬할까? 이 광고가 당시 미국의 주류적 문화, 즉 크고 호화롭고 화려한 것일수록 좋다는 가치관에 대한 명확한 반항, 즉 안티테제였기 때문이다.

이 반항적 제안은 시장 다수의 지지를 얻지는 못했을 수 있지만, 그랬기 때문에 그 주류의 사람들이 무의식적으로 받아들이던 가치관에 대해 다시 생각할 기회를 주는 동시에 그러한 주류 소비문화에 위화감을 느끼고 있던 일부 사람들의 강한 공감과 지지를 얻어, 그들이 자신의 가치관을 재확인하고 자신감을 갖는 계기가 되기도 했다.

이 캠페인은 전후 미국의 소비문화에서 단순한 상품의 선전을 넘어 광고 커뮤니케이션과 그에 따른 소비 행동이 사회적·문화적인 운동으로서의 측면을 가질 수 있다는 가능성을 보여주었다.

광고가 메시지의 가치관을 단적으로 표현하고 있다

또 하나, 자동차 사진이 작게 실리고 간단명료하게 'Think Small'이라고만 호소하는 광고 커뮤니케이션의 방식 또한 당시 주류의 방법론에 대한 반항이었다고 할 수 있다. 당시 미국에서 주류를 이루던 자동차 광고에서는 그 자동차를 구매하면 마치 인생이나 생활이 달라지는 스토리 장면을 그리는 것이 대부분이었다. 커뮤니케이션의 초점이 자동차에 관한 사실을 전하기보다는 일종의 판타지를 품게 하는 데에 맞춰져 있었던 것이다.

반면 폭스바겐의 'Think Small' 광고 비주얼에서는 아주 최소한의 정보만 남기고 공간 대부분을 여백으로 두었다. 보통 여백은 '정보가 없는 공간'인데, 이 광고에서는 반대로 이 여백이야말로 풍부한 의미를 만들어냈다. 에도시대 화가 도사 미쓰오키土佐光起가 '여백도 모양이라서 마음으로 메워야 한다'라는 유명한 말을 남겼는데, 이 광고의 커다란 여백 또한 크고 화려한 자동차일수록 좋다는 강박에서 해방된 자유로운 정신이 가지는 마음의 여유를 상징적으로 표현하고 있다.

정리하면 폭스바겐의 'Think Small' 캠페인은 크리티컬 비즈니스 실천의 가장 초기 사례 중 하나로 볼 수 있다.

빈곤과 경제적 불평등의 해결 – 그라민 은행

1983년 무하마드 유누스Muhammad Yunus가 방글라데시에 설립한 그라민 은행은 금융업계에서 크리티컬 비즈니스의 대표적 사례로 주목받고 있다.

업계의 상식에 도전하다

그라민 은행이 사업을 시작하기 이전에는 담보를 잡을 수 없는 빈곤층의 대출은 위험이 너무 크다는 판단에 어퍼머티브 비즈니스인 금융기관은 그들을 대상으로 한 대출을 피했다.

그 결과 방글라데시의 빈곤층은 금리가 100% 이상이나 되는 고금리 금융 서비스에 손을 댈 수밖에 없었고, 금리 부담으로 인해 더더욱 빈곤에 빠져드는 부정적 연쇄 반응이 일어났다.

그런 상황에서 그라민 은행은 방글라데시의 빈곤층, 그것도 주로 여성을 대상으로 저금리 무담보 대출 금융상품을 제공했고 그것이 비즈니스로서 제대로 성립함을 증명했다.

그렇다면 그라민 은행의 어떤 점이 크리티컬하다고 볼 수 있을까? 두 가지 관점이 있다.

첫 번째는 어퍼머티브 비즈니스의 세계에서 금기시되는 것에 과감히 도전해 그 금기를 실천함으로써 정석을 파괴했다는 점이다. 앞서 말한 대로 그라민 은행이 성공하기 이전 전 세계의 대다수 금융기관은 빈곤층 대출은 회수가 어려워 고객으로서 매력적이지 않다고 여겼다.

이 상식에 맞서기 위해 무하마드 유누스는 1976년 한정적인 프로젝트로 일부 지역에서 빈곤층 대출을 시행했고, 이 대출의 회수가 차질 없이 성공함에 따라 조금씩 프로젝트의 규모를 확대해 결국 이를 비즈니스로 운영하기 위한 은행을 설립했다.

처음에는 사이드 프로젝트로 시작했고, 잘될 것 같다는 확신이 분명해진 후에 회사로 만들었다는 점이 큰 특색이다. 크리티컬 비즈니스 활동가의 행동 양식에 대해 다음 장에서 설명하게 될, '일단 수중에 있는 것으로 시작한다'의 전형으로 볼 수 있다.

어퍼머티브 비즈니스에서 리스크가 있어서 못 한다, 라는 상식에 얽매여 있는 동안, 일단 조금씩이라도 시도해 보자, 라고 말하며 움직이기 시작해 가난한 사람도 대출의 매력적인 대상이 될 수 있음을 증명한 점은 매우 크리티컬하다고 할 수 있다.

'고객에 응하는' 것이 아니라 '고객을 단련'시킨다

두 번째는 대출의 대상인 고객을 비판, 계몽, 교육하는 대상으로 파악하고 있다는 점이다. 어퍼머티브 비즈니스 금융기관들은 왜 빈곤층에 대한 대출을 꺼렸을까? 과거 빈곤층에 대출을 내줬을 때 대출 대상이 되었던 사람들이 종종 단기적인 쾌락이나 사치를 위해 대출로 받은 돈을 써버려서 빈곤을 벗어나기는커녕 상환조차 할 수 없었던 뼈아픈 경험이 있기 때문이다.

그라민 은행은 이 문제를 해결하기 위해 대출 시에 '16개의 결의'로 불리는 생활 규율을 고객에게 요구했고, 이 약속을 지키게 하도록 노력함으로써 고객의 생활 양식을 크게 개선하는 데 성공했다.

빈곤은 경제적 어려움이기 때문에 돈을 주는 것이 당면한 해결책이 될 수 있다. 하지만 빈곤의 근본적인 원인은 당사자의 생활 양식과 생활 습관에 뿌리를 두고 있는 경우가 많아서 이 점을 개선하지 않으면 본질적인 문제 해결에 이르지 못한다. 그라민 은행의 획기적이었던 크리티컬함은 빈곤이라는 문제를 단순히 '돈의 부족'으로 보지 않고 생활 양식과 생활 습관이 얽힌 복잡한 문제로 인식했고 대출과 동시에 이 점을 개선해 나갈 것을 고객들에게 강력히 요구했다는 점이다.

이 '16개의 결의'에는 '소비를 최소화한다', '환경을 항상 깨끗하게 유지한다', '아이들을 교육시킨다'와 같은 항목이 포함되어 있으며, 이 16가지를 실천함으로써 빈곤에서 탈출하기 위한 규율 있는 생활이 가능토록 만들었다.

그라민 은행의 이 접근법은 경제 활동 참여를 촉진하고 경제적 자립을 지원함으로써 빈곤의 사이클을 끊을 가능성을 보여주었다. 또한 교육과 건강, 거주 환경 개선에 대한 재투자를 장려하면서 장기적인 사회 발전을 촉진하고 경제적 불평등을 완화하는 데 수단이 되었다.

기후변화와 자원고갈 대응
Ⅰ 파타고니아

크리티컬 비즈니스의 세계 대표라고 해도 좋을 기업인 파타고니아에 대해서는 이미 여러 책에서 언급이 되었다.

파타고니아는 1973년에 이본 쉬나드가 설립하고, 캘리포니아 주 벤투라에 본사를 둔 미국의 아웃도어 용품 브랜드라는 것이 일반적인 설명이다. 하지만 이것만으로는 파타고니아라는 조직체를 설명하는 데는 매우 부족함이 있어 보인다. 파타고니아는 물론 아웃도어 용품을 제조하고 판매하는 기업이지만 이는 오히려 파타고니아에게는 수단의 위치에 불과하며, 존재의 중심에는 '자연환경을 보호한다'라는 사회 운동이 있다. '사회 운동·사회 비판으로서의 측면을 강하게 가지는 비즈니스'인 크리티컬 비즈니스의 정의에 비추어 보면, 파타고니아는 바로 그 선두에 자리매김하는 기업이라고 할 수 있다.

이 회사는 세계에서 가장 이른 시기부터 환경에 미치는 영향을 최소화한 소재 사용을 목표로 했는데, 이를테면 리사이클 폴리에스터나 오가닉 코튼을 사용한 제품 개발로 지속 가능한 자원의 활용을 추진해오고 있다.

게다가 파타고니아는 '수선와 재사용'의 추진에도 적극적이다. 제품의 장기적 사용을 촉진하기 위한 수선 서비스를 제공하거나 중고품 재판매를 추진함으로써 소비 사회의 문제를 지적하며 제품의 라이프 사이클을 늘리는 대책을 실시하고 있다.

이런 부분들은 이미 대다수가 알고 있을 테니, 여기에서는 잘 알려지지 않은 파타고니아의 활동을 소개하겠다.

먼저, 주목해야 할 점은 파타고니아가 '자연환경을 보호한다'라는 회사의 미션을 추진하기 위해서, 본업과는 상승효과를 보기 어려운 광범위한 영역에 걸친 활동에 지속적으로 관여한다는 점이다. 몇 가지를 들어보겠다.

첫째는 환경 보호 노력이다.

파타고니아는 1970년대 초 벤투라 강을 지키기 위한 커뮤니티 연합 '프렌즈 오브 더 벤투라 리버'를 설립하는 데 기여했다. 1986년에는 총매출의 1% 내지 이익의 10%를 환경 비영리 단체에 기부하겠다는 약속을 했고, 이를 40년 가까이 이어오고 있다. 1988년부터는 환경 문제에 대한 인식을 높이기 위해 연간 캠페인을 진행하고 있으며, 그 첫 번째 활동이 요세미티 계곡의 비도시화였다. 이러한 활동을 통해 파타고니아는 환경 보호를 지원하고 있다.

둘째, 그들의 정치적 입장과 파트너십이다.

파타고니아는 자사의 신념과 다른 정치적 이념과 파트너십에는 거리두기를 명확히 하고 있다. 예를 들면 트럼프 행정부가 2018년 도입한 세금 개혁으로 얻은 천만 달러의 이익을 이 회사는 기후변화 활동 단체에 전액 기부하면서 이 세금 개혁을 무책임하다고 비판했다. 또한 협력 시설에서 일하는 이민 노동자의 고용 조건을 지키기 위한 활동도 하고 있으며, 사회적 책임 프로그램을 통해 협력 업체의 친환경 의식 고양을 요구하고 있다.

셋째는 벤처캐피털 활동이다.

2013년 파타고니아는 '틴셰드 벤처스'라는 벤처캐피털 펀드를 설립했다. 이 펀드는 파타고니아의 비전을 따르는 혁신적인 스타트업 투자를 목적으로 하고 있으며 환경 및 사회 변혁에 긍정적인 영향을 주는 것을 목표로 한다. 지금까지 초원 재생에 공헌하는 목축 회사나 물을 사용하지 않는 세탁 솔루션, 어망의 회수와 재사용을 실행하는 기업 등 다양한 스타트업에 투자하고 있다.

마지막으로 환경활동가를 위한 콘퍼런스의 실시이다.

파타고니아는 1994년부터 환경활동가를 지원하기 위해 '풀뿌리 활동가들을 위한 도구 회의'를 개최하고 있다. 이 회의는 풀뿌리 활동을 하고 있는 환경활동가나 비영리 단체의 구성원을 모아 활동에 필요한 기술, 콘셉트, 영감, 성공 사례를 제공하고 보다 효과적으로 활동을 진행하기 위한 도구를 얻을 수 있도록 지원한다.

이 회의에서는 캠페인 전략, 로비 활동, 커뮤니케이션, 모금 활동, 커뮤니티 조직화, 디지털 미디어의 활용 등 다방면에 걸친 테마를 다루고 있다. 1994년부터 매회마다의 기조연설과 유익한 콘퍼런스 리포트를 정리한 책 『환경운동의 11가지 도구들』은 파타고니아 매장 및 웹 사이트에서 구매 가능하다. 지금의 이 책을 집필함에 있어서도 큰 영감을 준 책으로 관심이 있는 분은 꼭 읽어보기를 추천한다.

이러한 활동을 통해 파타고니아는 단순한 아웃도어 용품 회사에 그치지 않고, 환경 보호와 사회 정의를 비즈니스의 핵심에 두는 기업으로 전 세계적으로 영향력을 발휘하고 있다.

II 페어폰

페어폰의 개요에 대해서는 제1장에서 말했는데, 여기서 다시 확인해보자. 페어폰이 시장에 내세우고 있는 비전은 '라이프 사이클을 장기화하여 자원과 환경에 대한 부담을 낮춘다'라는 것이다. 창업자 바스 반 아벨Bas van Abel은 '스마트폰 산업의 지속 가능성'을 어젠다로 설정하고 이 문제를 해결하기 위한 사회 운동으로 페어폰을 설립했다.

이 회사의 가장 크리티컬한 점은 '설정한 적의 거대함'이라는 것이다.

페어폰은 크리티컬 비즈니스의 전형이라고 할 수 있는 회사로 여러 면에서 '크리티컬함'의 통찰을 얻을 수 있는데, 내가 가장 크리티컬하다고 느끼는 부분은 그들이 타깃으로 설정한 적의 거대함이다.

재차 지적할 필요도 없이 페어폰이 적으로 설정하고 있는 타깃은 삼성이나 애플 같은 기존의 스마트폰 기업이다. 이러한 대기업은 그 거대함 때문에 큰 시장 지배력을 지니며, 그들이 설정하는 규정을 바꾸게 하려면 마찬가지로 거대한 정치적 권력을 가지는 수밖에 없다고 일반적으로 여겨져 왔다. 이 때문에 이러한 기업이 설정하는 규정에는 아무도 맞설 수 없었다.

페어폰이 문제 삼은 것은 이들 기업이 설정한 '수리에 관한 규정'이다. 기존에 수리를 검토 중인 사용자가 취할 수 있는 선택지는 '제조사가 인정한 공식 수리 서비스' 하나밖에 없었다. 사용자는 제조사 측이 설정한 사항 외의 것을 선택하면 제품에 따르는 제조사 보증 자체가 사라져 버리는 규정을 일방적으로 받아들여야 했다.

이러한 상황에서는 제조사가 수리 비용을 비싸게 설정하거나, 비싼 비용으로 수리하는 선택지를 포기하고 신제품으로 교체하는 옵션을 선택하도록 사용자를 유도할 수 있다. 그러나 스마트폰을 제조하는 데 발생하는 탄소 발자국은 엄청나며, 신제품으로 자주 바꾸는 소비 스타일은 환경과 자원에 막대한 부담을 주게 된다.

많은 사람들은 이러한 문제의 존재에 좌절감을 느끼고 있었지만, 상대가 거대한 권력을 가진 대기업이라 어쩔 수 없다, 또는 원래 다 그런 거다, 하고 체념하고선 마지못해 상황을 받아들이고 있었다.

페어폰은 그런 상황에 대해, 마치 잔 다르크처럼 '이 상황은 정당하지 않다, 수리할 권리를 되찾자'라는 목소리를 높이며 사회 운동으로서의 비즈니스를 시작한 것이다. 거대한 권력에 겁먹지 않고 이상하다고 생각되는 것에는 목소리를 내는 것, 이 점이 매우 크리티컬하며 멋있다고 인식되고 있다.

사회 운동의 최종 성과는 정치 변화로 이미 나타나고 있다. 페어폰의 이러한 운동으로 현재 세계 각지에서 수리와 관련된 제도의 재검토가 진행되고 있다. 예로 유럽 연합에서는 2020년 11월에 소비자의 '수리할 권리'를 보호하기 위한 결의가 채택되었고, 미국에서도 뉴욕주가 2023년 7월 1일에 '수리할 권리'를 보호하는 미국 최초의 법률을 시행했으며, 다른 주에서도 법제화를 위해 움직이고 있다.

성과를 창출하는 데 성공한 사회 운동은 반드시 사회의 구조적인 힘을 지렛대 삼아 잘 활용한다. 페어폰의 경우 비즈니스 커뮤니케이션으로 수리할 권리에 대한 문제의식의 여론을 높임과 동시에 정치에도 영향을 미쳐 자사에 유리한 규정 개정도 실현했다. 크리티컬 비즈니스 운동가는 오스카 와일드의 말을 빌리자면, '우리는 모두 시궁창에 있지만 우리 중 누군가는 별을 바라보고 있다'라고 표현할 수 있다.

Ⅲ 테슬라
시장이 존재하지 않았던 사업을 시작했다

테슬라는 2003년에 세워진 전기 자동차의 제조·판매, 청정에너지 제품 개발을 주업으로 하는 미국 기업이다.

이 회사는 일론 머스크로 인해 널리 알려졌지만, 실제 창업자는 마틴 에버하드Martin Eberhard와 마크 타페닝Marc Tarpenning이다. 일론 머스크는 2004년에 회사에 합류하여 현재 CEO를 맡고 있다.

테슬라의 어떤 부분이 크리티컬할까?

2003년 창업 시점에서 시장도 니즈도 거의 존재하지 않았던 전기 자동차에 초점을 두었다는 점이다. 테슬라는 창업 때부터 '화석 연료에 의존하는 문명 방식에 종지부를 찍겠다'라는 비전을 내걸었다. 하지만 테슬라가 창업할 당시 사회에서 그것을 바라는 사람은 거의 없었다.

  2003년 당시 통계를 보면 전기차 시장 점유율은 자동차 시장 전체의 1%도 안 되는, 실질적으로 시장이 존재하지 않는다고 해도 무방한 상황이었다. 잠재적인 니즈가 있었는지도 확인할 수 없었다. 많은 사람들은 자동차로 인한 이산화탄소 배출이 기후변화에 영향을 주고 있다는 사실을 알면서도 최대한 연비가 좋은 자동차를 타는 정도의 대처가 고작이었고, 전기차를 타는 등의 급진적인 선택지는 안중에 없었다.

  2000년대 초반 몇몇 일본 자동차 회사가 컨설팅 회사에 전기차의 시장 진출 여부에 대한 의견을 물었는데, 대부분 진입은 시기상조라는 결론이 났던 것으로 알고 있다. 결과적으로 많은 기업들이 진출을 미룬 셈인데, 그런 가운데 스타트업으로 전기차 시장에 뛰어든다고 하는, 어퍼머티브 비즈니스 패러다임의 틀에서 보면 무모한 행동이라 할 수 있는 전개에 나선 테슬라는 창업한 지 불과 20년 만에 세계 최대의 시가 총액을 보유한 자동차 회사가 되었다.

  2000년대 초반 전기차 시장의 기회를 비관적으로 전망한 것은 어퍼머티브 비즈니스의 틀에서 봤을 땐 지극히 합리적인 일이었다. 그러나 그 합리적인 판단이 커다란 기회 손실을 낳은 것이다.

예측은 어차피 빗나간다

여러 번 지적하고 있는데, 미래 예측은 우선 불가능하다. 지금 가지고 있는 2000년대 당시의 자동차 업계 보고서나 예측을 다시 확인해보면 전기차의 미래에 대해서는 매우 비관적인 전망밖에 없었다. 또한 당시 전기차와 관련된 여러 기술과 인프라는 아직 미성숙한 단계에 있었다. 예를 들어 배터리의 비용이나 성능, 사회의 충전 인프라 정비, 시장 침투를 가속하는 정책의 결여, 시민과 행정의 미성숙한 환경 의식과 같은 요소들로 전기차가 광범위하게 시장에 보급되는 일은 '아직 시기상조'라는 게 대다수의 예측이었다. 2000년 시점의 전기차 시장에 대한 예측은 오늘날 보고 있는 급속한 성장과 보급률에 반해 회의적이었으며 많은 과제도 지적되었다.

그런 상황에서 무명의 스타트업에 불과한 테슬라가 충분한 항속 거리와 동력 성능을 갖춘 모델을 제공함으로써 전기차가 일상적인 이동 수단으로 충분히 실용적임을 세계에 보여주었고, 그때부터 시장이 새롭게 개발되었다.

고객의 니즈와 욕구에 맞추는 것이 아니라 오히려 그 수준을 업데이트하는 마케팅 커뮤니케이션을 통해 새롭게 시장을 만든 것이 테슬라다. 그들의 방식은 크리티컬 비즈니스를 실천하는 데 다양한 시사점을 제공한다.

기업윤리와 투명성 향상 - 더바디샵

더바디샵은 크리티컬 비즈니스의 원조 격이라고도 할 수 있는데, 기업윤리와 투명성이라는 관점에서 공유하고 싶은 것은 더바디샵의 창업 초기 이니셔티브다. 창업자인 아니타 로딕Anita Roddick 의 손을 떠난 지금의 더바디샵은 비록 예전의 상당히 과격하고 근본적인 인상이 희미해진 느낌은 있지만, 1976년 창업 당시부터 한동안 더바디샵이 내세우는 이니셔티브는 매번 센세이셔널 했다.

연혁을 설명하면 더바디샵은 1976년 영국에서 아니타 로딕에 의해 창설되었으며 15년 후인 1991년에는 전 세계에 600개의 매장을 거느릴 만큼 급성장했다.

이 회사의 획기적인 점을 몇 가지 소개해 보겠다.

첫째는 '반 동물 실험'이다. 동물 실험에 반대하는 주장을 강력하게 내세우며 자사 제품의 연구 개발에는 동물 실험을 하지 않는다는 정책을 채택했다.

두 번째는 '공정무역'을 추구한다는 것이다. 원자재 공급원인 개발도상국의 생산자, 커뮤니티와 직접 거래하여 공정한 가격으로 상품을 구입해 생산자의 생계 향상과 커뮤니티 발전 기여를 목표로 했다.

세 번째는 '용기의 재사용'이다. 환경 문제를 위한 배려로 매장에서 제품의 리필을 제공함으로써 용기의 재사용을 권장했다.

네 번째로는 '자연 유래 성분'의 사용이다. 제품의 원재료로 자연 유래 성분 사용을 강조하며 화학물질 사용을 최소화했다.

마지막으로는 '사회 운동'과 '투명성'의 강조이다. 제품 판매뿐만 아니라 인권, 환경 보호, 동물 권리 등 사회적 이슈에도 관심을 가지며 이러한 캠페인을 적극적으로 진행했으며, 기업의 방식과 가치관을 소비자에게 명확하게 전달함으로써 기업과 소비자 간의 신뢰 관계 구축을 지향했다.

이러한 활동 대부분이 1976년의 창업 초기부터였던 것을 생각하면, 아니타 로딕이 얼마나 시대를 앞서 있었는지 잘 알 수 있다.

여담으로, 나는 폭스바겐 골프Ⅱ라는 자동차를 지금도 매우 좋아한다. 더바디샵을 상장시켜 큰 부자가 되었음에도 티셔츠와 청바지를 입고 줄곧 타고 다닌 골프Ⅱ를 이용해 출퇴근하던 아니타 로딕의 모습을 어렸을 때 보고 받았던 감동이 영향을 미쳤다고 본다.

비전에 '고객 혜택'은 포함되어 있지 않다

그나저나 조금 전 더바디샵의 이니셔티브 목록을 보고 눈치챈

부분이 있는가? 그렇다, 이것들이 모두 고객의 혜택으로 직결되지는 않는다는 점이다.

이를테면 '동물 실험을 하지 않는다'라는 정책은 딱히 고객의 혜택과 관련이 없다. 동물 애호에 관심이 없는 고객 입장에서는 '동물 실험을 하지 않는다……? 그래서 어쩌라고' 할 것이다. 다른 이니셔티브도 마찬가지로, 이러한 것들은 직접적으로나 간접적으로 고객의 혜택으로 이어지지 않는다. 즉 화장품으로서의 기능적 가치와는 아무런 관계가 없다는 말이다.

이와 관련해 아니타 로딕은 확신이 있었던 모양이다. 그녀는 창업 초기에 다음과 같은 말을 남겼다.

"마법의 약, 기적의 시술, 젊어지는 크림 같은 건 없습니다. 스킨케어 제품에서 기대할 수 있는 것은 더러움을 제거하고, 닦고, 보호하는 것, 그뿐입니다."

당시부터 현재에 이르기까지 화장품 광고에는 '아름다운 여성의 사진'을 사용하는 것이 일반적인데, 아니타는 이에 강한 위화감을 가지고 있었던 것 같다. 자사의 제품을 포함해 화장품에는 사람을 아름답게 바꾸는 효능은 없으며, 화장품 사용으로 자신도 광고 모델 여성처럼 될 수 있을지 모른다고 착각하게 만드는 것은 일종의 사기라는 게 아니타의 생각이었다.

또한 아니타는 여성의 아름다움이 '외면'과 '나이'에 의해 결정된다고 호소하는 마케팅 커뮤니케이션의 태도도 용납하기 어려위했다. 그녀에게 '아름다운 여성'이란 내면적 지성과 정서가 외면에도 넘쳐나는 여성이었는데, 그 대표로 꼽히는 사람이 화장을 전혀 하지 않는 마더 테레사였다.

즉 아니타 로딕은 그때까지 화장품 업계에서 상식으로 여겨온 모든 성공 방정식에 안티테제를 주장했다는 말이다. 그런데도 더바디샵은 대성공을 이루었다. 창업 직후부터 10년 이상, 연 50% 이상의 폭발적인 성장을 이어가 15년 후인 1991년에는 600개의 매장을 거느리게 되었다. 기능적 가치에 대한 차별화가 굉장히 어려운 상황 속에서 의미적 가치에 따른 차별화에 성공한 브랜드가 얼마나 큰 고객의 지지를 얻을 수 있는지를 더바디샵의 사례가 잘 보여준다.

의미의 오셀로로 적을 뒤집다

또한 더바디샵이 '우리는 동물 실험을 하지 않겠다'라고 선언한 것 자체가 기존 화장품 산업에 매우 효과적인 공격이 되었다는 점에도 관심을 가져야 한다. '우리는 동물 실험을 하지 않는다'라는 선언은 일반 화장품 회사는 동물 실험을 하고 있음을 의미하기도 한다. 그리고 이 메시지를 접한 사람들은 '내가 지금까지 무심코 사 왔던 대형 화장품 회사는 동물 실험을 하고 있었다는 말이야? 내가 그 화장품 회사의 화장품을 산다는 것은 간접적으로 동물이 살해당하는 것에 동조한다는 말이구나'라고 생각하게 된다.

이러한 선언으로 더바디샵은 긍정적인 의미를 획득한 동시에, 경쟁사인 기존 화장품 업체들은 부정적인 의미를 짊어지게 된 셈이다.

이는 매우 효과적이면서 강력한 접근 방식이다. 만약 같은 비판을 사회 운동으로 한다면, 화장품 회사 본사 앞에서 '동물 실험 반대' 플래카드를 내걸고 구호를 외치는 방법도 있었을 것이다. 하지만 그 목소리가 소비자와 사회에 얼마나 가닿았을까? 당시에는 사회의 정보 유통을 여전히 4대 매체(TV, 라디오, 신문, 잡지)와 대기업이 좌우하던 시대다. 설령 가닿았다 하더라도 극소수의 사람들에 불과했을 것이다.

더구나 특정 대상을 지목해서 그러한 비판을 하면 비판의 근거가 되는 확인 사실 제출을 요구받아, 경우에 따라서는 소송으로 넘어갈 위험도 있다. 이러한 리스크를 교묘히 피하면서 효과적으로 부정적 의미를 기존 산업에 심은 아니타의 접근은 매우 영리했다고 본다. 효과적인 사회 운동의 활동가는 허울 좋은 일을 실속 없이 호소하는 순진한 청년이 아니다. 그들은 항상 강력하고 효과적인 접근 방식을 이용하는데, 아니타 로딕이 그 좋은 예라고 할 수 있다.

더바디샵의 창업 초기부터 이어져 온 활동은 상업적인 성공만이 아니라, 사회적·환경적 가치의 실현을 목표로 하는 크리티컬 비즈니스의 모범이 되고 있다. 업계의 관습에 의문을 제기하고 새로운 가치와 규범을 제안하는 그 자세는 크리티컬 비즈니스의 실천에서 하나의 전형적인 사례로 볼 수 있다.

노동자의 권리와 복지 향상 – 몬드라곤 협동조합

몬드라곤 협동조합은 스페인 바스크 지역에 뿌리를 둔 세계에서 가장 성공적인 협동조합 중 하나다. 그 기원은 1956년으로 거슬러 올라가며 지역 가톨릭 성직자이자 기술 교사였던 호세 마리아 아리스멘디아리에타José María Arizmendiarrieta에 의해 설립된 기술 학교에서 시작되었다.

현재 몬드라곤 협동조합은 제조, 금융, 교육, 소매 등의 영역에서 다양한 사업을 전개하면서 그룹 내에 200개 이상의 기업을 거느리고 있으며, 매출은 120억 유로, 직원 수는 8만 명 이상으로 바스크 자치주에서 가장 큰 기업 그룹이다.

협동조합, 기업연합체

몬드라곤 협동조합의 어떤 점이 크리티컬할까? 포인트는 세 가지가 있다.

첫 번째가 '노동자 소유의 협동조합'이라는 점이다. 몬드라곤은 노동자가 소유하고 경영에 참여하는 협동조합이다. 즉 일반 기업에서 말하는 주주가 직원이라는 말이다. 따라서 몬드라곤에서는 자본주의에서 자주 논의되는 '자본가와 노동자의 대립'이라는 구조가 원리적으로 존재하지 않는다. 이러한 자본구조에 의해 노동자의 권리와 복지가 중시되고 기업의 의사 결정에도 노동자의 목소리가 반영되고 있다.

두 번째가 '민주적인 의사 결정'이라는 점이다. 몬드라곤을 구성하는 95개의 조합에는 각각 통상적인 기업에서 말하는 CEO의 역할에 상당하는 전무 이사를 두고 있다. 경영 전략의 책정, 보수 수준의 결정, 차기 경영자 선출 등 많은 중요한 결단은 조합원들의 투표로 결정된다. 그리고 조합원으로 있는 한, 전무 이사부터 공장 노동자까지 똑같이 한 표의 투표권을 행사하며 표의 무게에 차이가 없다.

세 번째가 '이익의 분배 성향'이라는 점이다. 획득한 이익은 재투자, 직원의 이익 분배, 사회적 프로젝트에 대한 기부 등 다방면으로 재분배된다. 급여가 가장 높은 이사라도 지급되는 급여는 급여가 가장 낮은 직원의 6배 미만으로 정해져 있고, 외부 주주는 존재하지 않기 때문에 외부 배당은 없다.

몬드라곤 협동조합은 단순히 경제적 성공만을 추구하지 않고 노동자의 권리 보호, 사회적 공정, 환경 책임과 같은 광범위한 사회적 가치를 중요시한다. 이러한 특징은 크리티컬 비즈니스의 이념과 일치하며 비즈니스를 통해서 더 나은 사회를 목표로 하는 활동으로 평가된다.

왜 경영자의 보수는 계속 오르는가?

몬드라곤 협동조합의 조직과 경영 방식은 몇 가지 크리티컬한 질문을 우리에게 던진다.

하나는, 오르기만 하고 멈출 줄 모르는 경영자의 보수에 관해서다. 현재 경영자들이 받고 있는 보수 금액이 정말로 설명 가능한가 하는 문제다.

워싱턴대학의 사회학자 제이크 로젠펠드Jake Rosenfeld는 다양한 연구 결과와 실증 데이터를 이용해 경영자의 고액 보수를 합리적으로 설명하는 것은 불가능하다고 지적하고 있다. 그렇다면 경영자의 보수는 어떻게 정해질까? 로젠펠드의 연구 결과를 단적으로 표현하면 '시장의 추세에 비추어 인위적으로' 정해진다. 요컨대 현대 경영자의 보수 금액은 일종의 '정해진 규칙'이며, 노동 대가라는 관점에서 합리적으로 설명할 수 있는 것은 아니라는 말이다.

만약 그렇다면 몬드라곤 협동조합의 방식인 '전무 이사의 보수 금액은 최저 임금의 6배 미만'이라는 것 역시 마찬가지로 '정해진 규칙'으로 생각할 수 있다. 최저 임금의 100배와 6배의 차이는 무엇에 의해 발생하는가? 이는 '그렇게 결정했기 때문'일 뿐이라는 것이다.

몬드라곤 협동조합이 우리에게 던지는 두 번째 크리티컬한 의문은 그 의사 결정 방식이다.

앞서 설명한 것처럼 몬드라곤 협동조합에서 경영상의 중요 사항은 조합원 전원의 투표로 결정된다. 이는 일반적인 기업에서의 의사 결정 방식과는 현저하게 동떨어져 있지만, 반대로 이렇게 생각해보자. 왜 일반적인 기업에서는 수많은 조직 구성원 중에서 선발된 극소수의 사람들로 의사를 결정하는 구조인가? 하고 말이다.

역사적으로 조직이 극소수의 선별로 운영된 것은 의사 결정에 필요한 정보의 질과 양을 많은 사람들과 공유하기가 어려웠기 때문이다. 그러나 현재는 정보 기술의 발전으로 이러한 제약조건은 해제되었다. 그렇다면 왜 우리는 정보 기술이 빈약했던 100년 전 시대와 똑같은 의사 결정 방식을 지금도 계속하는 걸까?

과거 시대의 사람을 타임머신에 태워 현대사회로 데려온다면 보고 듣는 모든 것에 경악할 것이다. 그럼에도 '아, 여기는 우리 시대와 다르지 않네'라고 여길 곳이 아마 세 군데 정도일 텐데, 바로 국회 회의장, 학교 교실, 기업 이사회이다.

이곳들은 주로 정보를 주고받기 위한 장소이기도 하다. 정보 기술이 이렇게까지 발전했음에도 불구하고 사회에서 가장 크리티컬한 정보를 주고받는 장소인 이 세 곳에 별다른 변화가 보이지 않는다는 건 무엇을 의미할까? '시스템은 항상 표면적 목적이 아닌 본질적 목적에 최적화되어 있다'라는 말을 생각해보면 그 이유는 명백하다.

우리는 당연하다고 여기며 받아들이는 시스템을 다시 한번 크리티컬하게 고찰해 보아야 한다. '어처구니없을 만큼 고액을 받는 경영자의 보수'와 '기업의 비민주적인 의사 결정 방식'은 남의 눈에 띄지 않는 테이블 아래에서 손을 맞잡고 서로를 지탱하고 있다.

이 불합리한 시스템이 지속 가능하지 않다는 것은 오늘날 많은 지식인들이 이미 지적하고 있지만, 어떤 시스템으로 그것을 대체할 수 있을지를 생각하기란 쉬운 일이 아니다. 몬드라곤 협동조합의 방식은 우리에게 현재의 시스템이 아닌 다른 가능성을 생각할 수 있게 하는 관점을 제공한다.

몬드라곤 협동조합은 단순한 비즈니스 모델 그 이상이다. 그들의 방식은 사회경제적 실험이며, 공동체로서의 연대이자 공평성, 그리고 지속 가능성의 가치를 포함한 혁신적인 방식이다. 그 성공은 기업이 사회적 책임을 다하면서도 경제적으로 번영할 수 있다는 것을 세계에 보여준다.

다양성과 포용 – IKEA 이스라엘의 'ThisAbles 프로젝트'

다양성과 포용의 추진이라는 주제로 공유하고 싶은 크리티컬 비즈니스 사례가 이케아 이스라엘이 주도한 ThisAbles 프로젝트다. 'ThisAbles'란 장애를 의미하는 영어 'Disables'의 동음이의어가 되는 이케아의 조어로, 의역하면 '이것으로 가능하다'의 뉘앙

스쯤 되겠다.

도대체 어떤 프로젝트일까? 한마디로 말하면 ThisAbles 프로젝트는 비장애인용 가구를 신체에 장애가 있는 사람도 사용할 수 있도록 하는 것이다.

우리가 당연하게 잘 사용하는 가구 대부분은 신체에 장애가 있는 사람에게는 큰 문제가 된다. 예를 들면 뇌성마비가 있는 사람들은 하지의 근력이 약하기 때문에 보통 사람이라면 어렵지 않게 일어설 수 있는 낮은 일반 소파라도 일어서기 힘들 우려가 있다.

그러한 이유로 장애인용 가구를 사용할 수밖에 없는 경우가 많은데, 이 가구들은 종종 의료기구처럼 딱딱한 외관에 가격도 고가인 경우가 많다.

그래서 이케아는 장애인도 자기 마음에 드는 가구를 사용할 수 있도록 가구 변형을 위한 애드온 제품을 무료로 나누어 주기 시작했다.

그뿐 아니라 이케아는 매장을 찾기 어려운 고객들을 위해 이 애드온 제품의 모든 자료를 공개해 고객들이 자유롭게 3D 프린터를 이용해서 애드온 제품을 만들 수 있도록 했다. 지리적인 제약조건으로 배제되었던 사람에게 접근을 제공했다는 점에서, 이 점 역시 '포용'이라는 관점으로 평가할 수 있다.

자신이 좋아하는 가구에 둘러싸여 생활하는 일상은 소소하지만 행복의 밑바탕을 이루는 중요한 환경 조건이기도 하다. 신체에 장애가 있는 사람들은 이 기본적인 환경 조건에 접근할 수 없는 상태에 있었는데 이케아의 이 프로젝트로 접근이 가능해진 것이다.

그렇다면 이 프로젝트의 어떤 점이 크리티컬할까? 세 가지로 볼 수 있다.

하나는 지금껏 사회적으로 소외되었던 소수자들의 고민을 다루었다는 점이다. 비장애인이 아무렇지도 않게 사용하는 일반 가구의 사용에 불편함을 느끼는 사람들이 인구의 10퍼센트 정도 존재한다고 하는데, 이 문제는 그 '낮은 보편성' 때문에 지금까지 공유되지 않았고, 따라서 당연하게도 해결을 위한 이니셔티브가 취해지지도 않았다.

사회 운동이 담당해야 할 큰 역할 중에는 힘없는 사회의 소수자들이 안고 있는 고민과 문제를 사회에 널리 알리는 일이 있다. 이케아는 바로 그 일을 한 것이고, 이 점에서 이 프로젝트는 지극히 사회 운동적이고 크리티컬한 측면을 가졌다고 할 수 있다.

두 번째로는 '공간축의 파악 방법'이다. 앞서 말한 대로 보편성이 낮은 문제는 설령 그것이 해결된다 해도 비즈니스로서의 매력이 적어서 시장 원리 안에서는 좀처럼 대처가 안 된다. 그러나 이케아 이스라엘은 '인구의 10분의 1'을 대상으로 한 프로젝트를 통해 매출과 이익을 모두 30~40% 상승시키는 큰 경제적 효과를 낳았다.

보편성이 낮은 문제였음에도 불구하고 큰 경제적 효과를 창출할 수 있었던 이유가 무엇일까? 대답은 '공간축을 넓혔기 때문'이다. 분명 이스라엘이라는 단일 시장으로 봤을 때, 대상이 사회 전체의 10퍼센트밖에 되지 않는다면 매력적인 시장이 될 수 없다. 하지만 이를 세계 시장으로 확대해보면 어떨까? 전 세계 10퍼센트가 고객이 된다면 거대한 시장이 될 수 있다. 즉, 글로벌 시장을 의식하면 '소수의 거대 시장'이 떠오르게 된다.

물론 이케아 이스라엘은 이스라엘이라는 시장을 중심으로 사업을 전개하고 있는 기업이지만, 이 ThisAbles 프로젝트로 제공된 애드온 3D 자료는 이 책을 집필하는 시점에서 이미 130개국 이상의 국가에서 다운로드 되었다. 이케아가 사업을 펼치고 있는 나라의 수는 60개국 전후이므로, 단순 계산으로만 보자면 시장으로 접근할 수 있는 나라의 수가 이 프로젝트를 통해서 단번에 배 이상으로 늘어났다는 말이 된다. 이 프로젝트가 큰 경제적 효과를 낳은 것은 당연한 일이라고 할 수 있다.

이케아의 ThisAbles 프로젝트는 그동안 시장 원리에 따라 해결하기 어려웠던 '보편성 낮은 문제'도 공간축을 폭넓게 다시 설정해 '보편성은 낮지만 세계적으로 두루 존재하는 문제'로 재설정하면 매우 큰 경제적 효과를 가져오는 매력적인 사업 기회가 될 수 있음을 보여준다. 그리고 이러한 시사는 특히, 인구의 증가를 더 이상 기대할 수 없고 많은 영역에서 시장의 성장을 기대할 수 없는 일본이라는 사회를 중심으로 사업을 펼치고 있는 사람들에게도 밝은 전망을 안겨준다. 세계로 눈을 돌리면 아직 해결되지 않은 문제가 얼마든지 있다.

마지막 세 번째는 프로젝트 이해관계자의 일하는 방식이다. 우선 이 프로젝트는 이케아 단독 이니셔티브가 아니라 비영리 단체 밀밭Milbat과 액세스 이스라엘Access Israel과의 협동으로 운영되고 있다. 또한 애드온의 디자인이나 설계 데이터는 오픈 소스로 공개되어 있어 더 나은 디자인, 더 나은 설계를 생각해낸 사람이 있다면 누구나 그 아이디어를 데이터에 반영할 수 있게끔 해놓았다. 또한 디자인 변경은 종종 실제 장애인 사용자의 피드백을 반영한다.

크리티컬 비즈니스의 실천은 고객이 단순히 서비스나 제품을 구매하고 소비만 하는 것이 아니라 사회 운동의 활동가로서 협동한다고 앞에서도 말했는데, 이 프로젝트에서도 외부의 협력자와 고객이 사회 운동에 협동하는 활동가로서 이 이니셔티브에 참여하고 있다.

마지막으로 한마디 덧붙이자면, 이케아의 ThisAbles 프로젝트는 우리에게 배려의 중요성을 재차 강조한다. 시스템 사고를 방법론으로 정리한 최초의 인물인 도넬라 H. 메도즈Donella H. Meadows는 저서 『ESG와 세상을 읽는 시스템 법칙』에서 다음과 같이 말했다.

> 복잡한 시스템의 세상에서 성공적으로 산다는 것이 시간 지평과 사고 지평의 확장만을 의미하는 것은 아니다. 가장 중요한 의미는 배려의 지평을 넓히는 것이다.
> – 도넬라 H. 메도즈, 『ESG와 세상을 읽는 시스템 법칙』

안전·쾌적·편리라는 기본적 가치를 이미 충족한 일본 사회에서는 문제가 적어 보인다. 하지만 눈과 귀를 기울이고 시간 지평과 공간 지평을 넓혀 세계를 바라보면 해결해야 할 문제는 아직도 많이 있다. 이러한 문제를 발견하고 해결해 나가기 위해서는 무엇보다 '배려'가 필요하다는 메도즈의 말은 우리가 잃어버린 소중한 것들을 생각하게 한다.

지역사회와 공동체 생성 – 브루넬로 쿠치넬리

이탈리아에서 탄생한 캐시미어 브랜드 브루넬로 쿠치넬리 역시 크리티컬 비즈니스의 한 예로 볼 수 있다.

브루넬로 쿠치넬리는 창업자 브루넬로 쿠치넬리가 1978년에 창업해 캐시미어 니트를 주축으로 한 상품을 선보여 왔고, 현재는 에르메스와 동등한 등급 평가를 받을 정도의 정상급 럭셔리 브랜드로 성장했다.

계속해서 크리티컬 비즈니스를 실천하는 활동가에게는 철학자나 아티스트처럼 사회를 크리티컬하게 바라보고 생각하는 자질이 필요하다고 지적했는데, 브루넬로 쿠치넬리는 이러한 자질을 가진 경영자 중 으뜸으로 손꼽힌다.

휴머니스트 경영자 혹은 인문주의 경영자로 불리는 브루넬로 쿠치넬리의 방식 중 특히 주목해야 할 것이 지역사회에 대한 공헌이다.

'장소'도 의미적 가치를 지닌다

브루넬로 쿠치넬리는 1985년 이후 이탈리아 중부의 작은 도시 솔로메오에서 14세기에 지어진 황폐한 성을 매입해 재건축하여 본사로 두고 있다. 또한 이후에도 폐허로 있던 교회와 극장을 복원하고 철학 워크숍을 위한 광장을 조성하는 등 자사의 비즈니스와 직접적인 관련 영역을 초월해 솔로메오 도시 부흥에 힘써왔다.

2013년에는 고급 장인 기술을 다음 세대가 이어가도록 솔로메오 마을에 현대 고등 공예 예술학교Scuola Di Aritigianato Contemporaneo를 세웠다. 쿠치넬리는 이 학교의 설립에 대해 19세기 영국 디자이너이자 사회사상가인 존 러스킨John Ruskin과 윌리엄 모리스William Morris에게서 영감을 얻었다고 인터뷰에서 답했다. 여기에서도 '인문 경영자'의 면모가 드러난다.

이 학교의 학비는 장학금으로 면제되며 학생들에게는 급여도 지급된다. 졸업 후 진로는 학생의 자유에 맡기고 있어 브루넬로 쿠치넬리에 입사하는 것이 반드시 입학 조건은 아니라고 하는데, 많은 학생들은 브루넬로 쿠치넬리에 입사를 희망한다고 한다. 이 회사는 이탈리아의 평균 급여보다 20% 더 많은 급여를 지급하는 것으로 알려져 있는 데다가, 사내에서 장인의 지위가 매우 높기 때문이다. 학교를 졸업하고 브루넬로 쿠치넬리에 입사하는 이들은 공장의 노동자가 아닌 예술가로 대접받고 있어서 경의를 담은 '아르티지아노'로 불린다.

또한 2021년 10월 말에는 새로운 프로젝트로 '솔로메오 유니버설 라이브러리'의 건설을 발표했다. 로마 황제이자 철학자였던 하드리아누스 황제를 경애하는 브루넬로 쿠치넬리는 '책은 삶의 지표'라고 말한다. 쿠치넬리는 자신이 책에서 얻은 지혜를 더 많은 솔로메오 사람들에게도 나누고자, 건축, 문학, 공예의 영역과 관련된 방대한 장서를 보유하는 도서관을 솔로메오에 만들기로 했다.

놀라운 것은 이 도서관의 장서 수가 계획으로는 40만~50만 권이 된다는 것이다. 규모 있는 시립 도서관의 장서 수와 맞먹는 것인데, 그것을 한 기업이, 더구나 인구 단 500명의 소도시에 만든다고 하니 그야말로 럭셔리하다.

이러한 활동 자체는 잘 알려져 있기에 브루넬로 쿠치넬리라는 인물에 대해 아는 사람이 보면 '뭘 새삼스럽게'라고 생각할지도 모른다. 그러나 나는 브루넬로 쿠치넬리가 보여주는 솔로메오라는 지역을 위한 강한 헌신이 회사의 의미적 가치에 크게 기여하고 있다고 본다.

간과되기 쉽지만 '장소'는 의미적인 가치를 형성하는 데 매우 중요하다. 오늘날에는 별로 의식을 못 하는데, '파타고니아'라는 단어는 원래 남미 콜로라도강 이남 지역을 가리키는 단순한 지명이었다. 사람의 발길이 닿지 않은 자연이 남아 있는 이 지역의 신비로운 이미지를 그대로 브랜드에 투영시켜, 고스란히 자사의 재무상태표에 무형자산으로 올린 이본 쉬나드의 통찰력은 감탄을 자아낸다.

한편, 사람들이 일반적으로 패션의 중심이라고 생각하는 곳은 영국의 런던, 프랑스의 파리, 그리고 이탈리아의 밀라노 등이라고 볼 수 있다. 그래서 많은 럭셔리 브랜드 본점이 이 도시들에 자리 잡고 있으며 신흥 브랜드들도 이곳에 본점 오픈을 꿈꾸는데, 이는 양날의 검과 같은 측면을 지닌다. 이미 의미적 가치가 굳어버린 지역에 근거지를 두면, 여태 그 장소들이 축적해 온 의미적 가치의 영향을 크게 받기 때문이다. 브랜드가 '고유한 의미의 구축물'임을 생각하면 이는 중대하게 고민해 볼 문제다.

그러나 브루넬로 쿠치넬리는 이런 반짝이는 지역을 선택하지 않고 전혀 알려지지 않은 시골 마을에 본사를 두고 그 지역의 부홍에 힘을 쏟고 있다. 이것이 기존의 럭셔리 브랜드와는 전혀 다른 위치와 방향성의 브랜드라는 점을 보여주는 상징적인 의미를 낳는다.

허구로 유지될 수 없는 시대의 브랜딩이란

브루넬로 쿠치넬리는 기존 업계의 상식과 정석을 비판적으로 고찰하며 기어이 다른 길을 선택했다. 브루넬로 쿠치넬리의 지역 사회를 위한 이러한 활동은 이 회사의 가장 크리티컬한 부분이라고 할 수 있다. 기존의 럭셔리 브랜드에서는 종종 생산 비용이 가장 싼 지역에 공장을 설치하고 이익의 극대화를 지향하는 경우가 많았기 때문이다.

여기서 구체적인 이름은 언급하지 않겠지만, 이탈리아의 브랜드들에서도 동유럽이나 중국으로 제조 공장을 이전해 '이탈리아 브랜드'로서의 본질이 허구화돼 버린 경우가 적지 않다. 기존처럼 사람들이 기업에 대한 정보를 얻을 수 있는 수단이 제한되어 있던 시대였다면 마케팅 커뮤니케이션으로 '이탈리아 브랜드'로서의 허구를 유지할 수 있었을 것이다.

하지만 디지털 기술로 사회 전체의 투명성이 높아지면서 그런 브랜드가 어디서 어떻게 생산되고 있는지를 세상 모두가 아는 시대이다. 그 결과 럭셔리 브랜드 시장에 큰 질적 전환이 일어나고 있고, 그렇게 착취적 구조로 이루어진 브랜드일수록 그 위상은 유지하기가 점점 어려워진다.

    왜 구형 럭셔리 브랜드 상당수가 동유럽이나 아시아로 제조 거점을 옮겼을까? 말할 필요도 없이 그 방법이 이익을 극대화하는 정석이었기 때문이다. 그런데 브루넬로 쿠치넬리는 그 정반대의 접근법으로 이탈리아 국내의 외진 마을에 막대한 비용을 들여 제조 거점을 만들었다. 그리고 바로 그러한 운영 방식으로 브랜드의 위상을 글로벌 톱 수준으로 끌어올리는 데 성공했고, 공정한 방식으로 높은 수준의 수익을 올리고 있다.

    기존 업계에서 상식과 정석으로 여겨졌던 접근법을 인문학적인 관점에서 비판적으로 고찰하고, 보다 인간적이고 지속 가능한 접근법을 대안으로 제시했다는 점에서 이는 매우 크리티컬했다고 생각한다.

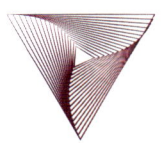

제 6 장

활동가를 위한 10개의 총알

이 장에서는 크리티컬 비즈니스 활동가가 실천하고 있는 사고와 행동 양식을 공유하겠다. 크리티컬 비즈니스의 연구 프로젝트에서 나는 국내외의 크리티컬 비즈니스 활동가 20명에게 인사평가에 이용되는 행동 사례 면접*을 진행해 그들의 역량 추출과 분석을 시행했다.

그들이 발휘하고 있던 역량의 대부분은 어퍼머티브 비즈니스

---

* BEI(Behavioral Event Interview), 평가 대상자의 사고방식과 행동 특성을 파악하기 위한 인터뷰 방법의 하나. 특징은 사전에 설문 항목이 준비되지 않는다. 일반적인 인터뷰에서는 인터뷰어가 질문 항목을 준비해서 묻지만, BEI에서는 사전 준비 없이 과거의 성공 체험이나 사건, 혹은 사건을 어떻게 대처했는지 등, 유도를 최대한 배제하고 듣는 방법을 취한다. 유도하지 않고 인터뷰를 진행함으로써 인터뷰가 과거의 체험 등으로 강하게 인상에 남아 있는 것을 자발적으로 말하는 환경을 만들어, 그 결과로 본인이 중요하다고 여기는 포인트나 가치관을 도출할 수 있다. 설문 항목에 자기진단으로 대답하는 역량 조사에서는 자기 인식의 오류가 반영될 수밖에 없지만, BEI를 훈련된 인터뷰어가 진행함으로써 보다 높은 정밀도의 평가를 기대할 수 있다.

세계에서 우수하다고 평가되는 인재의 역량과 겹쳤지만, 몇 가지 눈에 띄는 차이점도 발견되었다. 이 장에서는 크리티컬 비즈니스를 실천하는 사람들이 발휘하는 독특한 역량 10가지를 소개하겠다.

1. 많은 곳을 돌아다니기

크리티컬 비즈니스 활동가에게 공통으로 보이는 사고 및 행동 양식으로 제일 먼저 꼽고 싶은 것이 '다동성'이다.

크리티컬 비즈니스의 성공 사례를 하나하나 풀어보면 거기에 공통적으로 나타나는 요소가 있는데, 크리티컬 비즈니스의 이니셔티브를 세우는 계기가 된 체험이나 학습은 거의 우연한 만남에 의해서 생겨난다는 것이다.

에어비앤비의 공동 창업자인 브라이언 체스키Brian Chesky와 조 게비아Joe Gebbia가 임대료 지불에 어려움을 겪고 있을 때, 우연히 집 근처에서 개최된 대규모 디자인 관련 회의로 시내 호텔이 모두 만실이 돼 예약이 힘들다는 이야기를 들었다. 그들은 집의 빈 공간을 임대한다는 광고를 했는데 굉장히 순조롭게 예약이 진행되었고, 이 점에 착안해 에어비앤비 비즈니스 모델의 가능성을 발전시켰다.

우버 창업자인 트래비스 칼라닉Travis Kalanick과 개릿 캠프Garret Kemp는 2008년 파리에서 열린 웹 콘퍼런스에 참가하던 중 택시를 잡기 어려웠던 경험으로 스마트폰 앱을 사용해 배차를 요청하는 아이디어를 떠올렸다.

더바디샵의 창업자인 아니타 로딕은 유엔 직원으로 전 세계 여러 나라를 돌아다니면서 많은 나라에서 그 땅에서 고유하게 채취되는 자연 유래 원료가 미용이나 화장에 이용되고 있다는 것을 발견하고선 기존 화장품 산업의 방식에 대해 강한 의구심을 갖게 되었다.

이러한 사례가 공통적으로 가리키는 것은 활동가들이 이니셔티브를 시작하는 계기가 된 경험은 우연에 의해서 온다는 것, 그리고 더 깊이 들어가면 그러한 우연은 많은 곳을 여행하고 경험하면서 생긴다는 것이다. 익숙한 일상에서 벗어나 세상을 새로운 것, 기이한 것으로 새롭게 바라보는 계기가 되는 것이 여행이다. 그래서 크리티컬 비즈니스 활동가에게 다동성은 매우 중요한 요건이다.

여기서 말하는 다동성은 물리적인 공간에 한정되지 않는다. 예를 들어 브루넬로 쿠치넬리는 동서고금을 막론한 사상가들의 책을 가까이하는 것으로 알려져 있고, 무인양품의 사실상 창업자인 쓰쓰미 세이지堤清二는 프랑스의 사상가 장 보드리야르의 저서 『소비 사회』를 읽은 것을 계기로 '기호성이 없음'이라는 착안을 통해 '안티 브랜드'의 콘셉트를 떠올렸다. 즉 마음의 움직임인 '정신적인 이동' 또한 활동가에게 중요한 깨달음의 계기가 될 수 있다는 말이다.

'몸을 움직인다=물리적 다동'과 '마음을 움직인다=정신적 다동', 이 둘의 공통점은 '상식의 상대화'다. 누구나 당연하다고 생각하는 것, 원래 그런 것이라고 받아들이는 것에 비판적인 시선을 보내려면 먼저 자신에게 당연했던 것을 일단 밀어내고, 일종의 '데면데면한 것'으로 재인식해야 한다.

러시아의 문예 비평가 빅토르 시클롭스키 Victor Borisovich Shklovski는 익숙한 일상적인 사물을 기이하고 비일상적인 것으로 지각하기 위한 방법으로 '낯설게 하기'를 제안했는데, 시인이나 극작가뿐만이 아니라 크리티컬 비즈니스 활동가에게도 이 낯설게 하기가 필요하다.

새로운 문제를 만들기 위해서는 자기 세계에서 벗어나야 하기 때문이다. 사람은 평화롭고 안일한 일상생활 속에서 뛰쳐나와 미지의 세계로 걸어 나갈 때 비로소 그동안 당연한 것으로 받아들였던 주변 사물에 위화감을 느낄 수 있다. 이 위화감이 '애초에 왜 이렇게 되어 있지?', '만약 다른 양상이라면 어떤 모습일까?' 하는 물음을 만들어내고, 이 물음에 대한 가설이 크리티컬 비즈니스 어젠다의 모태가 된다.

2. 마음을 가장 움직이는 것을 우선한다

세계를 필드 삼아 이곳저곳 움직이며 자유로운 시선으로 사회를 비판적으로 바라보면 거기에 많은 위화감을 느끼는 사건이 일어난다. 이러한 사건들은 모두 크리티컬 비즈니스의 기회라고 생각할 수 있는데, 그렇다면 이들 중 어느 것이 가장 우선도가 높은 어젠다가 될까?

어퍼머티브 비즈니스의 틀에서 생각하면 '시장 기회의 크기가 가장 커 보이는 어젠다'라고 할 수 있겠지만, 크리티컬 비즈니스 활동가들은 접근하는 방식이 다르다. 그들은 항상 '마음을 가장 움직이는 것'을 우선도가 높은 어젠다로 삼는다.

이번 인터뷰를 통해 절실히 느낀 것이 그들이 내거는 어젠다는 반드시 그들의 실존과 깊숙이 연결되어 있다는 점이다. 한마디로 그들이 내거는 어젠다에는 '이게 나입니다'라는 요소가 언제나 포함되어 있다.

실적을 올린 활동가들이 내거는 어젠다가 예외 없이 개인의 실존과 깊숙이 연결되어 있는 이유에 대해 생각해보자. 크게 두 가지가 있다.

첫 번째는 그것이 운동을 끈기 있게 추진하기 위한 에너지가 되기 때문이다. 어떠한 사회적 문제의 해결을 목표로 할 때, 아무래도 쉬운 방향은 이미 사회적 공감과 합의가 이루어진 사회 문제를 어젠다로 설정하는 것이다. 이미 공감대가 형성된 문제라면 공감대를 얻기 쉽고 이해관계자를 설득하기도 쉬울 것이기 때문이다. 그러나 크리티컬 비즈니스의 실천은 쉽지 않다. 뭐니 뭐니 해도 그것이 원리적으로 '크리티컬=비판적'인 이상, 어떠한 마찰이나 논쟁이 항상 활동에 따라다니기 때문이다. 이는 크리티컬 비즈니스 활동가에게 큰 심리적 스트레스가 된다. 즉 실천 과정에서 반드시 큰 반론이나 저항에 부딪혀, 스스로 '무엇을 위해서 시작했지?', '무엇을 위해 하고 있지?'라는 물음과 마주하게 된다.

이때 내건 어젠다가 자신의 내면에 뿌리를 둔 것이 아니라면 이 심리적 스트레스를 극복하기 위한 에너지는 생겨나지 않는다. 어떠한 성과를 낳는 데 성공한 크리티컬 비즈니스에서 내거는 어젠다가 항상 활동가의 실존과 뿌리로 연결되어 있는 첫 번째 이유가 이것이다.

두 번째 이유는 그 어젠다는 궁극적으로 보편성에 열려 있기 때문이다.

앞에서 소개한 피터 틸의 말을 다시 확인해보자. '세계에 관한 어젠다 중 많은 사람들이 인정하지 않지만, 당신 자신이 중요하게 여기는 어젠다는 무엇인가?'라는 질문이었다. 이 질문에 응답하려면 높은 수준의 멘탈이 요구된다. 자신이 옳다고 생각하는 어젠다가 최종적으로 세계에 받아들여질지는 아무도 모르기 때문이다.

그렇다면 크리티컬 비즈니스 활동가들은 자신에게 중요한 어젠다가 다른 많은 사람들에게 받아들여질 수 있는지를 어떻게 판단하는 것일까?

대답을 먼저 하자면 '그들은 애초에 판단하지 않았다'로 말할 수 있다. 그들에게는 지금은 인정받지 못하지만, 이 어젠다는 반드시 수많은 사람의 공감을 얻게 될 것이라는 어떤 종류의 스스로의 확신이 있는 것이다. 그 후에 남는 것은 자기 자신이 어느 정도의 강도를 가지고 그 어젠다에 확신을 가질 수 있는가 하는 것뿐이다.

기존의 사회규범이 아니라 개인의 직감과 내면의 빛을 중시하여 사물을 판단하라고 말한 미국의 사상가 랄프 왈도 에머슨Ralph Waldo Emerson은 '마음속에 숨어 있는 확신을 말하면 그것은 보편적인 의미를 갖게 된다'는 말을 남겼다. 정말 좋은 말이지 않은가? 혹 다른 많은 사람에게 받아들여지지 않는 어젠다라고 해도 스스로는 옳다고 확신할 수 있다면, 그것은 보편적인 어젠다가 될 수 있다. 크리티컬 비즈니스 활동가 여러분은 부디 이 에머슨의 말을 잊지 않기를 바란다.

3. 어려운 어젠다를 내건다

이번 일련의 인터뷰에서 크리티컬 비즈니스 활동가가 종종 지적한 어젠다에 관한 요건이 있다. 바로 '어려운 어젠다일수록 좋다'는 것이다. 이번 인터뷰에 응해준 활동가들 중 상당수가 운동 초기 단계부터 난도가 매우 높은 어젠다를 내세워 비즈니스를 추진하기 시작했다. 그들은 왜 실현하기 수월한 쉬운 어젠다가 아니라 어려운 어젠다를 내세울까?

　인터뷰를 통해 알게 된 것은 크리티컬 비즈니스에서는 '쉬운 어젠다보다 어려운 어젠다가 달성하기 쉽다'라는 역설이다. 왜? 이유는 세 가지가 있다. 공감 획득과 인지 촉진 그리고 동기 부여 향상이다.

　어려운 어젠다 설정이 요구되는 이유 중 첫 번째로, 어려운 어젠다일수록 사회의 공감을 얻기 쉽다는 걸 들 수 있다. 많은 사람이 포기한 해결하기 어려운 문제, 해결로 큰 사회적 영향력이 미치는 문제일수록 그 문제를 해결하기 위해 노력하는 크리티컬 비즈니스의 이니셔티브에 공감해주는 사람이 많아진다.

　크리티컬 비즈니스 추진의 엔진이 되는 것은 경제적 이득에 대한 기대가 아니라 사회적 문제 해결에 대한 기대다. 자본주의에 원리적 고찰을 남긴 철학자 애덤 스미스Adam Smith는 저서 『도덕감정론』에서 사회를 움직이는 것은 '타인과의 공감에 기초한 도덕'이라고 지적했다. 사회가 본래 공감에 의해서 움직이는 것이라면, 크리티컬 비즈니스를 실천하는 사람은 이것을 자원으로 크게 활용해야 한다.

　크리티컬 비즈니스에서는 기업의 틀을 넘어 많은 이해관계자로부터 능력, 시간, 지식, 기술 등의 자원을 동원해 이니셔티브를 추진한다. 그들은 어퍼머티브 비즈니스의 틀과는 달리, 경제적 합리성의 범위를 넘어 자신이 가지고 있는 기술이나 지식, 혹은 네트워크 및 신용 등의 사회적 자본을 동원해 크리티컬 비즈니스 추진에 협력한다. 그들을 움직이는 것은 '공감'이다. 따라서 활동가에게 '공감의 획득'은 가장 중요한 경영 과제다. 이 경영 과제를 해결하는 방법으로 난도 높은 어젠다 설정은 매우 효과적이다.

두 번째 이유로는 어려운 어젠다일수록 인지가 촉진되기 쉽다는 점을 들 수 있다. 이유는 단순한데, 사람들은 달성 가능성이 희박한 일, 영향력 있는 목표를 세우는 일에 더 관심을 기울이기 때문이다.

찰스 린드버그의 대서양 단독 횡단 비행, 에드먼드 힐러리의 에베레스트 등정, 척 예거의 음속벽 돌파, 아폴로 11호의 달 착륙 등 세계를 누비는 뉴스가 되어 인류의 가능성에 관한 인식을 크게 전환시킨 노력의 대부분이 '난도가 매우 높은 어젠다'에 대한 도전이었음을 잊지 말아야 한다. 사람들은 현실적인 목표를 내세우는 이니셔티브에는 관심을 기울이지 않는다.

마지막 세 번째 이유는 어려운 어젠다일수록 관련된 사람들의 동기 부여가 높아진다는 것을 들 수 있다.

이 경향을 알기 쉽게 보여주는 것이 아폴로 11호의 달 착륙 프로젝트다.

케네디 대통령이 아폴로 계획을 발표했을 당시 미국의 우주 개발 계획은 소련에 크게 뒤처진 상태였고 로켓은 계속해서 발사에 실패해 화염에 휩싸였다. 그러한 미국의 상황을 생각하면 당면 목표로는 '소련 따라잡기'나 '폭발 및 화염 멈추기' 정도의 선이 현실적이라고 볼 수 있는데, 케네디는 그러한 목표를 내세우지 않고 오히려 소련을 크게 뛰어넘는 '달에 가자'라는 목표를 내걸었다. 케네디가 처음 이 목표를 제시했을 당시 NASA의 임원들은 아연실색했다고 하는데, 결과는 여러분도 아는 바이다. 이후 우주 개발은 미국이 소련을 크게 앞질렀고 10년 이내에 실현하겠다는 공약을 지켜 1969년 아폴로 11호는 달 착륙에 성공했다.

능력 수준이 높은 사람은 그에 어울리는 도전적인 과제를 요구한다. 한마디로 '난도가 높은 어젠다'는 우수하고 동기 부여가 높은 사람에게는 보상이다. 하지만 능력이 낮은 사람, 동기 부여가 낮은 사람에게는 보상으로 기능하지 않는다. 즉 난도가 높은 도전적인 어젠다에는 크리티컬 비즈니스에 안성맞춤인 비대칭성이 있다. 비경제적 보상을 통해 광범위한 이해관계자의 자원과 자본을 획득하는 것이 크리티컬 비즈니스의 자원 전략이므로 도전적인 어젠다로 인한 동기부여를 이용하지 않을 수 없다.

4. 글로벌 시점을 가진다

다음으로 꼽고 싶은 것이 '글로벌 시점'이라는 특성이다. 크리티컬 비즈니스 활동가는 이니셔티브를 시작하는 초기 단계부터 장기적인 글로벌 사업 진행을 염두에 두고 있다. 이는 초점과 규모에 관한 문제로 정리할 수 있다.

지금까지 마케팅이나 경영학의 세계에서는 오랫동안 집중과 규모는 트레이드오프 즉, 이율배반적인 관계로 보고, 이것을 양립시키려고 하는 것은 일종의 공상으로 여겨져 왔다.

그러나 오늘날 이 이율배반적인 관계는 성질을 바꾸고 있다. 그 변화를 촉진하는 요인이 세계화의 진전과 과학 기술의 진화다.

이미 여러 번 지적한 대로 크리티컬 비즈니스는 다수의 합의가 이루어지지 않은 소수의 어젠다를 내건다. 소수가 강하게 공감해주는 미해결 어젠다를 내세움으로써 시장에 깊은 인상을 남기기도 하지만, 당연하게도 이 접근 방식에는 '규모를 키우기 어렵다'라는 난점이 있다. 이 난점을 해결하기 위해 크리티컬 비즈니스 활동가들은 시장의 공간축을 글로벌하게 설정한다.

구체적인 숫자를 가지고 생각해보자. 예를 들면 일본 국내 로컬 시장에서 5%밖에 안 되는 소수에 초점을 맞춰 비즈니스를 하면, 잠재 고객은 600만 명(1.2억 명×0.05)이 된다.

한편, 50%인 다수를 대상으로 비즈니스를 실시하면 잠재 고객은 6,000만 명(1.2억 명×0.5)이 된다. 비즈니스의 크기가 10배 차이가 나면 원재료의 조달이나 마케팅 전개 등에서 규모의 이점도 크게 달라지기 때문에 아무래도 초점을 작게 맞춘 비즈니스는 비용 면이나 전개력 면에서 핸디캡을 가지게 된다.

그로 인해 모든 사람이 시장 조사를 거쳐, 가능하면 큰 시장 단위를 특정하고 그들의 기호에 맞는 제품과 서비스를 개발한다.

이 책에서 말하는 어퍼머티브 비즈니스의 접근 방식이다. 그 결과 그 시장에서 보편성이 높은 문제에 대해서는 많은 기업에서 비슷한 솔루션을 제공하는 '동질화의 함정'이라는 상황이 생기는 동시에, 보편성이 낮은 미해결 문제에 대해서는 미착수인 상태로 방치되는 현상이 벌어진다.

이 문제를 피하기 위해서는 시장의 공간축을 파악하는 방법을 바꿀 필요가 있다. 크리티컬 비즈니스 활동가는 초점을 최대한 좁히는 대신 공간축을 최대한 넓혀 시장의 모집단을 크게 잡는다.

앞서 설명한 대로, 일본 시장에서 5%의 소수 틈새시장 단위에 초점을 맞추면 잠재 고객 수는 600만 명밖에 안 되지만, 세계 시장으로 넓히면 선진국만 해도 12억 명의 사람이 있는 셈이므로 시장 규모는 단번에 10배인 6,000만 명으로 확대된다.

만약 같은 규모의 고객을 국내 시장에서 원한다면 50% 상당의 비율이 필요해 진다. 이 정도의 메이저 규모를 대상으로 개발된 제품이나 서비스는 종종 시류에 휩쓸리고 초점이 흐려져 시장을 꿰뚫는 힘을 잃기 쉽다.

한편, 틈새시장 단위에 초점을 맞춘 제안은 국경을 넘어 확대되는 관통력을 가진다. 즉 크리티컬 비즈니스를 실천하는 데 있어 시장 개척의 방향성을 '로컬 메이저'의 방향에서 '글로벌 틈새시장'으로 전환할 필요가 있다는 말이다.

도표12 로컬 메이저에서 글로벌 틈새시장으로

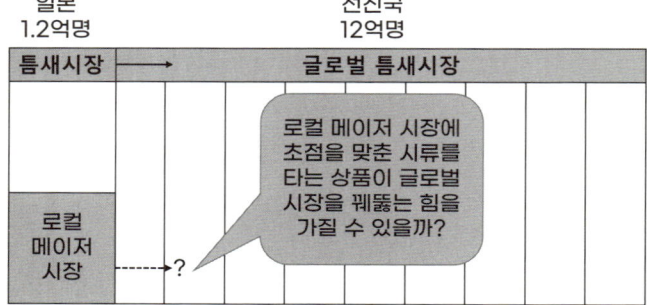

　따지고 보면 이 책에서 소개한 크리티컬 비즈니스 사례의 대부분이 이 '글로벌 틈새시장'의 개척 전략으로 세계 진출에 성공했음을 알 수 있다.

　예를 들어, 앞에서 소개한 이케아의 ThisAbles 프로젝트는 일반 가구 사용에 지장을 받는 '사회의 10%를 차지하는 사람들'에 초점을 맞춰 세계 130개국이라고 하는 광범위한 규모의 사업을 벌였다. 시장을 한 나라에만 국한해서 생각하면 잠재적 시장 규모가 10%밖에 되지 않는 어젠다는 매력적인 사업 기회로 보이지 않는다. 그래서 이 문제는 오랫동안 많은 기업에서 해결하지 못한 채로 무시되고 방치됐다. 그러나 공간축을 넓혀 '글로벌×틈새시장'의 어젠다로 문제를 재인식하면 손대지 않은 채 방치되어 있던 거대한 사업 기회가 모습을 드러낸다.

　로컬 시장의 보편성이 높은 많은 문제가 이미 해결된 이상, 새로운 사업 기회는 글로벌 시장의 보편성이 낮은 문제에서 발견된다. 그래서 크리티컬 비즈니스 활동가는 이니셔티브를 시작할 때부터 글로벌 시장 진입을 염두에 두고 있다. 앞으로 더 이상 큰 시장 성장을 기대할 수 없는 일본 시장에서 사업을 하는 우리에게도 매우 중요한 시사점을 보여준다.

5. 수중에 있는 것으로 시작한다

크리티컬 비즈니스 활동가에게 공통적으로 보이는 사고 및 행동 양식 다섯 번째는 수중에 있는 것으로 시작하기다. 이번 인터뷰 대상이었던 활동가의 과반수는 크리티컬 비즈니스의 이니셔티브를 시작하는 데 있어 그동안 해오던 본업을 관두지 않고 반쯤 부업처럼 시작했다.

비즈니스를 시작할 때 회사를 그만두고 할 필요도 투자가로부터 막대한 자금을 모을 필요도 없다. 최우수 인재를 고용할 필요도 없고, 애초에 회사를 차릴 필요조차 없다.

이해관계자의 참여도, 윤택한 자금도, 우수한 인재도 있으면 물론 좋고 언젠가는 꼭 필요하겠지만, 크리티컬 비즈니스를 시작할 때는 '수중에 있는 것으로 일단 시작'해야 한다.

역사를 돌아보면 많은 스타트업들이 본업을 가진 상태에서 사이드 프로젝트로 시작했다는 사실을 알 수 있다. 페이스북은 원래 마크 저커버그가 학창 시절 장난삼아 만든 페이스매시 FACE MASH

라는 게임이었고, 트위터는 본래 창업자들이 본업을 하면서 진행하던 사이드 프로젝트에서 탄생했다.

애플도 구글도 페이스북도 야후도, 원래는 회사로 만들 생각 없이 시작된 놀이나 취미 및 호기심으로 구동된 이니셔티브다. 그들은 회사를 만들려고 이니셔티브를 시작한 것이 아니라, 이니셔티브를 먼저 시작하고 좋은 반응을 얻어 회사를 차릴 수밖에 없는 상황에 이르러 회사를 차린 것이다.

왜 '수중에 있는 것으로 시작'하는 것이 중요할까? 이유는 크게 리스크의 감소, 이해관계자 유인, 그리고 학습의 가속 이렇게 세 가지로 볼 수 있다.

순서대로 설명하겠다.

크리티컬 비즈니스를 실천할 때 수중에 있는 것으로 일단 시작하는 자세가 필요한 첫 번째 이유는 '리스크 감소'다.

앞에서 말한 대로 크리티컬 비즈니스에서는 그때까지 사회의 다수에게는 인정받지 못했던 어젠다를 채택해 새로운 문제를 제기한다. 그로 인해 거론한 어젠다가 얼마나 많은 사람들의 공감을 얻을 수 있을지에 대한 큰 불확실성이 늘 따라다닌다. 이 불확실성을 시장 조사나 시뮬레이션을 통해 줄일 수는 없다.

그럼 어떻게 할까? 일단 빨리, 작게 시도해 보는 것이다. 작게 시도해 보고 긍정적인 피드백이 있으면 조금 더 과감하게 나간다. 그리고 더 긍정적인 피드백이 들어오면 그보다 더 과감하게.

이것은 투자의 세계에서 리얼 옵션(Real Option, 불확실성이 높은 상황에서 하나의 대안을 선택해 투자하는 것이 아니라 복수의 대안에 대해 소규모로 투자하는 것을 뜻함-옮긴이)이라고 불리는 방식인데 크리티컬 비즈니스의 시작에도 효과적이다.

이러한 접근법을 채택하면 역설적인 이점을 활동가에게 가져다준다. 크리티컬 비즈니스를 실천할 때 '일단 손에 있는 것으로 시작'함으로써 활동가는 오히려 대담하게 리스크를 감수할 수 있기 때문이다. 실패로 잃는 것은 '손에 가지고 있는 것뿐'이니까.

크리티컬 비즈니스를 실천할 때 실패 시 전부를 잃을 위험을 감수할 필요는 없으며, 오히려 감수해서도 안 된다. 실패로 인해 잃을 것이 너무 커지면 크리티컬 비즈니스의 실천에서 중요한 '난도 높은 어젠다'를 내걸 수 없기 때문이다.

창업에 관한 한 연구에서는, 안정적인 본업을 가진 상태로 리스크가 있는 불확실성이 높은 비즈니스를 창업한 사람이 모든 일을 그만두고 창업에 전념한 사람보다 성공할 확률이 높다는 결과가 나왔다. 직감에 반하는 연구 결과라고 생각할지도 모르지만, 안정된 수입을 가져다주는 본업을 계속하면서 창업한 사람일수록 부업으로 대담한 리스크를 감수한다라고 생각하면 그 논리는 단순하다.

반면 실패하면 모든 것을 잃는 위험을 무릅쓰고 과감하게 창업한 사람일수록 실패가 두려워 과감한 행동을 취하지 못하게 된다. 어중간한 행동으로 시종일관 실패하는 경향을 보인다는 것이 연구에서 밝혀진 바이다.

이러한 접근법을 투자의 세계에서 바벨 전략이라고 한다. 바벨 전략이란 중간 위험은 제외하고 투자 포트폴리오의 한쪽 끝에는 매우 안전한 투자를, 반대쪽에는 고위험·고수익의 투자를 놓고 조합하는 방식이다.

이 전략을 일에 적용해서 생각하면 한쪽 끝에는 안정적인 보수를 얻을 수 있지만 큰 변화는 없는 일을, 반대쪽에는 불안정하고 불확실하지만 큰 발전 가능성이 있는 일을 조합하는 사고방식이 된다. 보험회사에 근무하면서 여가 시간에 획기적인 소설을 쓴 프란츠 카프카나 특허청에 근무하며 논문을 써서 노벨상을 받은 알버트 아인슈타인은 전형적인 바벨 전략의 성공 사례라고 할 수 있다.

'일단 시작을 해야 사람이 모인다.' 크리티컬 비즈니스를 실천하는 데 있어 수중에 있는 것으로 시작해야 하는 두 번째 이유는 '이해관계자 유인'이다.

앞에서 난도 높은 어젠다를 내거는 것이 인재를 모으는 데 중요하다고 지적했다. 우수한 인재는 어렵고 도전적인 어젠다를 좋아한다. 그러나 어떻게 하면 이 우수한 인재들에게 크리티컬 비즈니스 활동가가 내거는 '난도 높은 어젠다'를 전달하고 알릴 수 있을까?

다수의 합의가 이루어지지 않은 어젠다에 공감해주는 사람은 확률적으로 소수이며, 따라서 우수한 인재를 모으기 위해서는 가능한 한 많은 사람들에게 이 어젠다의 존재를 알릴 필요가 있다. 그렇기 때문에 보수를 수반하지 않는 언론을 통한 고지, 이른바 PR이 필요하다. PR은 홍보라고 번역돼 자칫 일방적으로 정보를 공개하고 끝나는 정적인 활동으로 인식되기 쉽다. 그러나 그 어원인 퍼블릭 릴레이션스(Public Relations)라는 말이 나타내는 대로 '어떤 조직과 그 조직을 둘러싼 인간 사이에 바람직한 관계를 구축하기 위한 일련의 커뮤니케이션 활동'이라고 정의되는 매우 다이내믹한 활동이다.

　특히 소수의 어젠다를 내걸어 사회 가치관의 변혁을 목표로 하는 크리티컬 비즈니스 활동가에게 PR은 절대로 빼놓을 수 없는 활동이다. 그렇다면 무엇이 PR을 전개하는 데 중요한 열쇠가 될까? PR이 무엇보다 요구하는 것은 획기적이고 신선한 정보다. 그리고 이런 정보는 일단 움직이지 않으면 만들어낼 수가 없는 것이기 때문에 수중에 있는 것으로 일단 시작해 보는 게 중요한 것이다.

　마지막으로 세 번째 이유는 '학습의 가속'이다. 크리티컬 비즈니스는 원칙적으로 기존의 틀이나 방법론과는 크게 동떨어진 영역에서 비즈니스를 전개한다. 이는 다시 말해, 학습의 속도가 매우 중요한 요인이 된다는 것을 뜻한다. 그렇다면 어떤 요소들이 학습을 가속화할까? 피드백이다. 크리티컬 비즈니스 활동가는 일단 수중에 있는 것으로 시작함으로써 시장과 사회로부터의 피드백을 조기에 취득할 수 있다.

활동가는 획득할 수 있는 자원을 모든 곳으로부터 모아야 하는데, 이 피드백 또한 '비경제적 자본'이 된다. 교육학과 경영학의 영역에 걸쳐 유례없는 업적을 올리고 있는 경영학자 수잔 애쉬포드Susan J. Ashford는 '피드백은 경영 자원'이라고 지적했으며, 이 자원은 '일단 시작하기'로 늘릴 수 있다.

피드백의 가치는 시간이 지나면 저하되는 경향이 있다는 점도 알아두자. 크리티컬 비즈니스의 실천에 있어 피드백의 가치는 사업 운영에 관한 선택지가 가장 많은 초기 단계일수록 높고 시간이 지남에 따라 선택지의 유연성이 상실되면서 감소하게 된다. '일단 시작해 본다'라는 자세는 사업 초기 단계에서 양질의 피드백을 얻을 수 있는 이점이 있는 것이다.

6. 적을 레버리지한다

다음으로 소개할 것은 크리티컬 비즈니스 활동가에게 공통되는 '적대하는 사람'을 대하는 자세다. 일반적으로 우리는 되도록 적을 안 만들려고 하는데, 그들은 반대로 의식적으로 적을 만들어내고 그 적이 가지고 있는 에너지를 반작용으로 이용하고 있다. 이는 무엇을 의미할까?

역사적으로 훗날 세계에 큰 영향을 준 사회 운동 활동가를 꼽아달라고 워크숍 때 부탁하면 언제나 다음과 같은 인물들의 이름이 나열된다.

> 소크라테스, 예수 그리스도, 장 폴 마라, 요시다 쇼인, 사카모토 료마, 로사 룩셈부르크, 마틴 루터 킹 주니어, 마하트마 간디, 에르네스토 체 게바라, 존 레넌

이 목록을 보고 어떤 공통점을 발견했는가? 이 사람들 대부분이 암살 내지는 그에 준하는 비명횡사를 했다는 점이다. 과거 사회 운동에서 높은 수준으로 리더십을 발휘하고 사회 변혁에 공헌한 인물의 상당수가 암살로 인해 생명을 잃었다는 사실은, 우리에게 리더십이란 숭배나 애착, 공감이라고 하는 긍정적인 감정만 생성하는 것이 아니라, 필연적으로 경멸이나 혐오, 거부 같은 부정적인 감정도 동시에 생성한다는 사실을 가르쳐준다.

어떤 극단적인 것이 있을 때 그 뒤편에는 그와 반대되는 극단적인 것이 존재하는데 리더십도 이와 마찬가지일지 모른다. 리더십을 높은 수준으로 발휘할수록 동시에 경멸이나 거부나 혐오 같은 부정적인 감정과도 마주할 수밖에 없다.

즉 '미움받는 것'을 두려워하면 절대로 리더가 될 수 없다. 하물며 크리티컬 비즈니스는 원리적으로 어떠한 대상에 대한 비판

을 포함하고 있으므로 부정적인 감정을 받는 것을 피할 수 없다.

리더십 발휘에 필연적으로 혐오나 증오 같은 부정적인 감정이 붙는다면 이를 피하지 않고 오히려 에너지로 변환해 사회 운동을 추진하는 데 이용한다는 실용적인 접근법을 생각해보자. 다시 말해, '적을 레버리지한다'는 사고방식이다.

과거의 역사를 되돌아보면 비판이 큰 에너지가 되어 개인의 주장이나 운동의 사회적 인지가 높아진 사례는 수없이 많다.

예를 들어 갈릴레오 갈릴레이가 주장한 지동설은 처음에는 조금도 받아들여지지 않았지만, 가톨릭교회의 이단 심문에 회부된 것이 계기가 되어 큰 주목을 받았다. 가톨릭교회라는 큰 권위의 지목을 받아 격렬하게 비판을 받았던 것이 오히려 갈릴레이 학설의 '위협적 강도'를 증명해 버린 셈이다.

비슷한 일은 현대에서도 종종 일어나고 있다. 이렇다 할 활약이 없던 사회학자 니콜라스 루만Niklas Luhmann은 이미 세계적 명성이 높았던 철학자 위르겐 하버마스의 비판과 논쟁으로 일약 세계적인 지명도를 획득했고, 구조주의의 창시자 레비 스트로스Claude Levi Strauss도 어느 시기까지는 통달한 전문가들에게만 알려져 있었으나, 사르트르를 비판한 것에 반박당한 것이 계기가 되어 일반 사회에 알려졌다. 사람들은 그 대단한 사르트르가 이렇게까지 격하게 반박하는 것을 보니 상당히 대단한 인물일 것으로 받아들인 것이다. 이러한 일화들의 공통점은 이미 사회적으로 명성을 얻은 사람이나 조직의 비판과 공격으로 비판과 공격을 받은 쪽이 오히려 존재감을 높이고 있다는 것이다.

하지만 왜 적의 비판이 결과적으로 정반대의 효과를 가져올까? 운동은 부정적이든 긍정적이든 정보를 먹고 커지기 때문이다. 세상 사람의 10분의 1이 공감해주는 어젠다를 내건 사람이 어떤 유명한 조직이나 개인에게 비판을 받으면, 그 비판을 통해 많은 사람이 그 어젠다의 존재를 알게 된다. 그렇다면 비판을 통해 어젠다의 존재를 새롭게 알게 된 사람 중 10분의 1은 이 어젠다에 공감을 하게 되고 비판자의 의도와는 반대로 편을 들어준다. 현대사회에서 '그것이 비록 비판적이더라도 정보는 반드시 운동에 긍정적인 에너지를 만들어낸다'는 말이다.

비판이 큰 에너지를 만든다면 창업 초기 단계의 크리티컬 비즈니스 활동가는 오히려 적극적으로 권위 있는 인물이나 조직의 비판을 받도록 도발적인 태도도 지녀야 한다고 할 수 있다.

그래서 크리티컬 비즈니스 활동가는 운동 초기 단계부터 포지션을 명확히 정하고서 항상 '무엇을 비판하고 있는가?'를 분명히 한다.

7. 동지를 모은다

자, 다음으로 소개하고 싶은 활동가가 나타내는 사고와 행동 양식은 '동지를 모은다'는 것이다. 여기서 '동지'란 말 그대로 '뜻을 같이하는 사람'을 말한다. 이번 인터뷰에서 운동가들이 입을 모아 그 중요성을 호소했던 부분이 바로 이 특성이었다.

왜 동지를 모으기가 어려울까? 가치관이나 우선순위를 명확하게 하고 이에 맞지 않는 이해관계자를 배제해야 하기 때문이다. 특히 크리티컬 비즈니스의 실천 초기 단계에서는 자금과 인재의 부족이 사업 추진의 걸림돌이 되므로, 아무래도 이러한 요건에 대해 자칫 타협하기 쉽다. 하지만 이는 결과적으로 크리티컬 비즈니스의 순도를 떨어뜨리고 참여도를 낮춰 부정적인 악순환을 낳는 경우가 많다.

원래 크리티컬 비즈니스란 단순히 경제적 이익을 추구할 뿐만 아니라, 사회적인 변혁과 가치를 추구하여 사회 운동으로서의 측면을 강하게 가지는 비즈니스다. 이러한 운영을 추진해 나가려면 '같은 가치관이나 우선순위를 가지는 이해관계자와의 협동'이 매우 중요한 포인트가 된다.

같은 가치관이나 우선순위를 가지는 이해관계자와의 협동이 주는 이점을 보다 구체적으로 들면 다음과 같다.

첫 번째 이점으로 꼽히는 것이 '효과적인 협동'이다. 이해관계자, 특히 직원들 사이에 가치관과 우선순위가 공유되어 있으면 일상적인 업무나 전략적인 의사 결정을 할 때도 그것을 기준으로 재빠르고 흔들림 없는 판단을 내릴 수 있다. 또한 비즈니스의 방향성을 결정할 때도 이해관계자와 마찰이 상대적으로 적어 효과적인 협동을 기대할 수 있다.

두 번째로는 '브랜드 강화와 전파'다. 같은 가치관을 공유하는 이해관계자는 비즈니스 브랜드나 메시지의 유력한 전파자가 된다. 이 점에 대해서는 뒤에 가서 설명하겠지만, 크리티컬 비즈니스를 실천하는 기업에서 직원을 비롯한 이해관계자의 행동과 발언은 크리티컬 비즈니스 브랜드에 결정적인 영향을 미친다. 직원을 비롯한 이해관계자가 크리티컬 비즈니스를 실천하는 조직에 대해 긍정적이고 합리성 있는 행동이나 발언을 한다면 브랜딩을 강화하는 방향으로 작용하지만, 반대로 부정적이고 불합리한 행동이나 발언을 한다면 브랜딩은 희박해지고 크리티컬 비즈니스를 실천하는 조직의 주장은 위선이었다는 비판을 받는다.

마지막으로 세 번째 이점으로 꼽고 싶은 것이 '조직문화 형성'이다. 명확한 가치관과 우선순위는 조직 내에서의 행동 양식과 사고패턴을 형성하여 조직문화로 정착된다. 탄탄한 조직문화는 직원들의 동기 부여 향상과 조직의 일체감을 높이는 요인이 된다. 일반적으로 크리티컬 비즈니스 실천에서 '가치관과 우선순위의 명확화'는 비즈니스의 방향성 유지, 리소스 최적화, 이해관계자와의 신뢰 관계 구축, 조직문화 형성 등 여러 측면에서 성공 요인이 된다. 그런데 만약 우선순위를 명확하게 정해야 할 때 공들여 모은 동료와의 마찰을 피하려고 우선순위와 가치관을 불분명하게 하면 언젠가 큰 대가를 치르게 된다.

교육심리학자 브루스 터크만Bruce Tuckman은 일단 형성된 그룹이나 팀은 능률을 올려 성과를 낼 때까지 일련의 패턴화된 단계를 거친다는 사실을 발견했다. 다음의 4단계다.

1. 형성(Forming)
2. 논쟁(Storming)
3. 규범화(Norming)
4. 성과(Performing)

사람들이 모여 형성된 그룹이나 팀이 즉시 성과를 발휘하는 일은 없다. 터크만은 그룹이나 팀이 형성된 후 구성원 간에 우선순위나 가치관의 차이가 표면화되어 큰 마찰을 일으켜야 구성원 간의 협의가 진행되고, 그 조직과 팀에서 무엇을 중요하게 여기는지, 무엇을 우선시하는지에 대한 규범이 형성되어 성과가 발휘된다는 과정을 밝혔다. 많은 리더들은 구성원 간의 마찰을 피하려고 '논쟁의 과정'을 꺼리는 경향이 강한데, 이 과정을 거치지 않으면 '성과'에 이를 수 없다는 점에 유의하기를 바란다.

마찰을 피하면 '진정한 일체감'은 생기지 않는다. 한 사람이라도 더 많은 동료를 모으고 싶은 조직 형성의 초기 단계에서 우선순위와 가치관을 명확히 하는 것에는 큰 용기가 필요하다. 그러나 이 시기에 우선순위와 가치관을 명확히 하지 않으면 서로 다른 우선순위와 가치관을 가진 사람들이 이해관계자로서 참여하게 되고, 결국 큰 방향성에서 어긋나거나 혹은 조직 운영에 관한 기준 차이로 갈등을 빚게 된다.

크리티컬 비즈니스 실천에서는 초기 단계부터 우선순위와 가치관을 명확히 하고, 그 우선순위와 가치관에 공감 혹은 적어도 규범으로 받아들이는 동지들을 모으는 것이 무엇보다 중요하다.

8. 시스템으로 생각하다

크리티컬 비즈니스를 실천하는 데 있어 그 활동가에게는 '문제를 시스템으로 파악하는', 이른바 시스템 사고의 소양이 필요하다.

시스템 사고란 문제가 발생하는 원인을 국소적인 것이 아니라 자신을 포함한 시스템 전체에 있다고 보고 시스템 전체를 바꾸는 것을 지향하는 접근 방식이다.

무슨 말인지 단번에 감이 안 올 것이다. 그렇다면 시스템 사고와 대조적인 접근 방식인 요소 환원주의의 논리 사고가 가져온 사례를 살펴보자. 다음은 실제로 일어난 문제다.

> 노숙인 보호시설을 늘렸더니 노숙인이 증가했다.
> 마약 단속을 강화했더니 마약 범죄가 증가했다.
> 식량 원조 활동을 벌이자 기아가 증가했다.

실형 선고를 엄격하게 시행하자 강력 범죄가 증가했다.
직업 훈련 프로그램의 도입으로 실업률이 악화되었다.

이런 문제들은 왜 일어나는 것일까? 분명 하나하나의 정책이나 방식은 논리적으로 올바르며 선의에 기초하고 있다. 그러나 그 논리적으로 올바르고 선의에 기초한 정책 때문에 오히려 나쁜 결과가 초래되었다.

크리티컬 비즈니스의 활동가는 당연히 사회적인 문제 해결을 목표로 이니셔티브를 시작하지만, 여기서 주의해야 할 점이 있다. 복잡한 시스템에 대한 통찰력 없이 문제의 증상에 대처하면 문제가 해결되기는커녕 오히려 나쁜 상황을 초래할 수 있다는 것이다.

선의로 행한 것임에도 불구하고 결과적으로 더욱 나쁜 방향으로 상황을 변화시키는 이니셔티브에는 세 가지 공통점이 있다. 근본적인 문제가 아니라 증상에 대처하고, 누구의 눈에도 나무랄 데 없는 대책으로 비치며, 단기적으로는 효과가 있는 경우도 있다는 것이다.

이러한 이니셔티브의 발동으로 인한 초기의 성과에 많은 관계자들이 기뻐한다. 그러나 장기적이고 광범위한 인과 관계가 드러나기 시작하면 단기적인 효과가 서서히 손상되고, 마침내 의도하지 않은 큰 마이너스 결과가 발생한다. 이러한 현상의 전형적인 예로 들 수 있는 것이 DDT이다.

오래된 문제의 해결이 새로운 문제를 만든다

20세기 초반까지 말라리아는 말 그대로 인류의 적이었다. 말라리아로 매년 수십만 명의 사람이 사망했다. 이 말라리아를 퇴치하기 위해서 개발된 것이 살충제 DDT였다. DDT는 진정한 의미에서 벌레를 죽이는 역사상 최초의 살충제로, 제2차 세계대전 중에는 발진티푸스와 말라리아 발생을 억제하기 위해 막대한 양이 살포되었다.

이 살포는 극적인 효과를 거두었고, 스리랑카에서는 1948년부터 1962년까지 DDT를 정기적으로 살포하여 그 이전까지 연간 250만 명이던 말라리아 환자 수를 30명으로까지 급감시키는 데 성공했다. 그리고 그 절대적인 효과를 확인한 세계보건기구 WHO는 1955년 DDT로 지구상에서 말라리아를 박멸하겠다고 소리 높여 선언했다.

그런데 얼마 지나지 않아 DDT 살포 지역이었던 보르네오에서 이상한 현상이 관측된다는 보고가 WHO로 들어온다. DDT를 살포한 지역에서만 페스트가 비정상적으로 만연하고 있다는 보고였다.

조사를 통해 밝혀진 사실은 다음과 같은 메커니즘이었다.

DDT는 매우 안정성이 높은 화학물질로 땅속에서도 분해되지 않는다. 잔류한 DDT는 말라리아를 매개하는 모기를 박멸했지만, DDT의 독성에 내성을 가진 바퀴벌레는 체내에 DDT를 축적해 갔다. 그리고 이 바퀴벌레를 잡아먹은 도마뱀은 DDT로 인해 신경이 손상되어 술에 취한 듯한 상태가 돼 고양이에게 쉽게 잡아먹히게 된다. 그런데 DDT에 내성이 없던 수많은 고양이들이 죽어버렸고 그 결과, 천적인 쥐가 대량으로 발생하면서 페스트가 창궐한 것이다.

말라리아를 일으키는 모기의 근절이라는 측면에서는, DDT는 말 그대로 절대적인 위력을 발휘했지만, 다른 측면에서는 매우 큰 문제를 낳고 말았다. 즉 해결책이 새로운 문제의 원인이 되었다는 말이다.

시스템 사고가가 되기 위한 세 가지 열쇠

그렇다면 어떻게 해야 이런 상황의 발생을 막을 수 있을까? 시스템 리더에게 필요한 세 가지 역량을 이용하는 것이 그 해답이다.

시스템 리더가 이용하는 첫 번째 역량은 '더 큰 시스템을 포착'하는 능력이다. 복잡한 상황에서 사람들은 대개 자신에게 편리한 관점에서 문제를 인식한다. 문제와 관련된 사람들이 각자의 입장으로 문제의 틀을 인식하기 때문에 항상 '누구의 시점이 옳은가'라는 쓸데없는 논쟁을 일으킨다. 복잡한 시스템 문제에 대해 관계자의 공통 이해를 형성하려면 각자가 그리는 국소적인 틀을 포괄하는 '더 큰 시스템'을 인식하는 역량이 시스템 리더에게는 필수적이다.

시스템 리더의 두 번째 역량은 '생산적인 대화를 촉진하는 능력'이다. 여기서 열쇠가 되는 것은 자기 성찰 능력이다. 자기 성찰은 자기 생각을 고찰하고, 스스로가 얽매였던 고정관념을 의식적으로 깨닫게 만든다. 그 자기 성찰의 결과를 각자가 다른 사람과 공유함으로써 각각의 다른 의견을 진정으로 청취하고, 서로가 보고 있는 현실을 인지적으로만이 아닌 감정적으로 공감하고 이해하는 것이 필수적인 단계이다.

시스템 리더의 세 번째 역량은 '대응적 자세에서 능동적 자세로 초점을 옮기는 능력'이다. 크리티컬 비즈니스 활동가는 대부분 바람직하지 않은 상황을 기화로 이니셔티브를 시작한다. 이러한 이니셔티브들은 눈앞의 문제에 국소적이고 반응적으로 대처하기 쉬운데, 시스템 리더는 집단이 문제에 대처하는 것만이 아니라 긍정적인 미래 비전을 만들어낼 수 있도록 돕는 역할을 한다.

바꿔 말하면 시스템 리더는 '어젠다를 직접 해결하는 것'을 지향하지 않는다는 의미다. 이러한 접근법으로는 큰 성과를 얻을 수 없다는 것을 잘 알고 있기 때문이다. 시스템 리더는 변화가 일어나고 변화가 자율적으로 지속되는 장을 만드는 데 주력한다.

지금으로부터 약 2500년 전, 시스템 리더의 이상에 대해 말한 현자가 있다.

"나쁜 지도자는 사람들에게 멸시를 받는다. 좋은 지도자는 사람들에게 존경을 받는다. 그리고 가장 훌륭한 지도자는 사람들이 '저절로 그렇게 되었다'고 말하게 한다."

노자의 말은 크리티컬 비즈니스의 이니셔티브를 지도하는 리더에게도 시사하는 바가 매우 크다.

크리티컬 비즈니스가 그 정의상 지금까지 해결되지 않았던 사회적 문제를 다루는 이상, 그 문제는 복잡한 시스템 문제인 경우가 적지 않다. 크리티컬 비즈니스 활동가는 마땅히 시스템 리더로서의 역량을 다해야 한다.

9. 끈기 있게, 그리고 신속하게

다음으로 소개하는 역량은 '끈기 있게, 그리고 신속하게'이다. '끈기 있게'와 '신속하게'는 모순적인데 왜 하나의 사고와 행동 양식에 포함되어 있을까? 순서대로 설명하겠다.

먼저 '끈기 있게'라는 포인트를 살펴보자.

사회적 다수의 합의가 이루어지지 않은 문제로 어젠다를 설정하기 때문에 그 어젠다의 해결 방법은 지금까지 제안된 적 없는 접근법일 가능성이 높다. 즉 다수의 합의를 얻기 어려운 것이 크리티컬 비즈니스의 초기 단계 상황이다.

따라서 이 단계에서는 많은 반론과 비판을 받게 된다. 이 반론과 비판을 받고 자신이 설정한 어젠다가 별로인 건 아닌지, 혹은 자신이 하려는 접근법이 잘못된 건 아닌지, 그런 생각을 하게 되면 이니셔티브는 어중간한 방식으로 끝나버린다. '끈기 있게'가 필요한 이유가 바로 여기에 있다.

혁신적인 아이디어는 누구도 평가할 수 없다

초기 단계에서 주위의 반론이나 비판에 너무 귀를 기울일 필요가 없다고 보는 이유에 대해 좀 더 적극적인 자료를 공유하겠다. 대부분의 사람에게는 혁신적인 아이디어를 파악하는 능력이 없다는 것을 그동안의 많은 연구와 사례가 가리키고 있다.

구글이 창업 초기 단계에서 자금 조달에 큰 어려움을 겪으며 300번 이상 벤처캐피털로부터 투자를 거절당했다는 이야기를 앞에서도 했지만, 이런 사례는 일일이 열거할 수 없을 만큼 많다. 에어비앤비는 250회, 시스코는 80회, 스카이프는 40회, 각각 벤처캐피털로부터 초기 투자를 거절당한 것으로 알려져 있다. 이런 오류는 통계학 용어로는 위음성(보통 의학 및 통계학에서 실제로는 음성이 아닌데, 측정이나 해석을 잘못해서 음성으로 판단하는 것을 의미-옮긴이), 즉 '안 될 걸로 여겼던 것이 잘 된' 경우의 오류인데, 이와 반대되는 '잘 될 걸로 생각한 것이 안 된' 위양성의 경우도 얘기를 꺼내자면 끝이 없다.

최근의 대표적인 예가 세그웨이Segway다. 세그웨이는 창업 초기 많은 유명 기업가나 투자가들에게 '틀림없는 성공이다', '꼭 투자하게 해달라'라는 극찬을 받았지만, 한 번도 이익을 내지 못하고 다른 회사에 인수되었다. 구글 투자로 대성공한 투자가 존 도어John Doerr는 시장에서 가장 빠른 속도로 10억 달러의 매출을 달성하는 기업이 될 것이라며 8,000만 달러를 투자했다가 큰 손해를 봤다.

미국 벤처캐피털의 역사를 연구하고 있는 하버드 비즈니스 스쿨의 톰 니콜라스Tom Nicholas는 저서 『벤처캐피털의 역사(VC:An American History)』에서 1980년대부터 현재까지 미국 벤처캐피털의 총 투자 수익률은 S&P500의 시장 평균 수익률과 동등하다고 주장하고 있다. 결과적으로 그 정도의 하이 리스크를 감당해야 함을 합리적으로 납득시킬 수 없다고 지적하고 있다. 투자 안건에 관한 안목으로서는 세계 최고라고 여기는 미국의 벤처캐피털리스트조차도 이 정도다.

이러한 연구 결과와 사례는 혁신과 관련된 아이디어를 평가하는 데 있어서 우리 인간의 능력은 지극히 보잘것없다는 것을 잘 보여준다.

남에게 평가받는 아이디어는 혁신적이지 않다

지금까지의 이야기를 정리하면 '혁신적인 아이디어일수록 사람들에게 평가를 못 받는다'라는 말인데, 이 명제는 또한 우리에게 반대되는 중대한 통찰도 안겨준다. 다시 말해, 이 논리 명제와 짝을 이루는 명제, 그러니까 '남에게 평가받는 아이디어는 혁신적이지 않다'라는 명제다. 모두가 훌륭하다고 인정하는 아이디어는 아마 실제로는 그렇게 훌륭한 아이디어가 아닐지도 모른다는 말이다.

뛰어난 것으로 보이는 아이디어는 혁신적이지 않고, 혁신적인 아이디어는 뛰어난 것으로 보이지 않는다. 시장 경쟁에 있어서는 그 아이디어가 혁신적일수록 뛰어난 아이디어로 보이지 않기 때문에 오히려 이런 성질은 활동가에게 유리한 점이 될 수도 있다. 이번 일련의 인터뷰에서 크리티컬 비즈니스 이니셔티브를 시작한 초기에 시장의 경쟁자들은 어떻게 반응했나요?라는 필자의 질문에, 대다수가 '별다른 견제를 받지 않았다'로 답했다.

투자가에 대해서도 똑같이 말할 수 있다. 크리티컬 비즈니스는 원리적으로 기존 사회의 규범으로는 이해할 수 없는 가치관을 어필하기 때문에 그 비즈니스는 종종 수지가 안 맞는 것으로 여겨질 수도 있다. 전형적인 사례가 에어비앤비다.

에어비앤비는 창업 초기에 많은 저명한 투자가들로부터 투자를 거절당했다. 에어비앤비의 비즈니스 모델은 '내 집의 일부분을 타인이 묵도록 빌려준다'는 것인데, 이 아이디어는 투자가에게도 경쟁자에게도 처음에는 전혀 좋은 평가를 못 받았다. 사업

평가 전문가인 투자가에게도 에어비앤비의 비즈니스 모델은 말도 안 되게 부실해 보였다.

어퍼머티브 비즈니스로 숙박업을 운영하던 대부분의 글로벌 호텔과 대기업들도 에어비앤비를 위협의 존재로 보지 않아 그 등장에 아무런 대응도 하지 않았다. 하지만 그 후에 일어난 일은 여러분도 잘 알다시피 에어비앤비는 2024년 12월 현재 시가 총액 평가액이 100조 원을 훌쩍 넘어서며 세계 최대의 숙박 서비스 기업이 되었다. 이러한 사례는 크리티컬 비즈니스 아이디어가 굉장히 반직관적이며, 특히 어퍼머티브 비즈니스의 정석에 익숙한 사람이 보기에는 수지가 맞지 않는 아이디어로 보인다는 사실을 알기 쉽게 보여준다.

바꿔야 할 때는 미련 없이 바꾼다

지금껏 '끈기 있게, 신속하게' 중 '끈기 있게'에 대해 설명했는데, '신속하게'에 대해서도 간단히 설명하겠다. 크리티컬 비즈니스에는 많은 불확실성이 수반된다. 가능하다고 여겼던 아이디어나 비즈니스 모델을 실제로 진행해 보면 어려움이 닥치는 경우가 종종 일어난다.

이번 인터뷰에서 인상 깊었던 것은, 크리티컬 비즈니스 활동가들이 대체로 이러한 상황에 매우 유연하게 대응했다는 점이다. 기반이 되는 어젠다나 핵심적 방침은 지키면서도 방법론이나 접근 방식에 있어서는 포기할 것은 빨리 포기하고 바꿀 것은 신속하게 바꿨다. 지지부진한 접근 방식에 집착하다 보면 이니셔티브를 시작할 때 매우 중요한 '시간'이라는 자본을 잡아먹기 때문이다.

크리티컬 비즈니스의 초기 이니셔티브는 '가설의 집합체'로 이루어진다. 이 가설을 가능한 한 빨리 검증하고 고쳐야 할 것을 고쳐 쓰지 않으면, 시작 초기의 탄력이 점점 약해질 때까지도 가설 검증을 지속해야 할 수도 있다. 그래서 가능한 빨리 시도하고 안 되는 가설은 수정해 나가는 자세가 중요하다. 그들의 속도를 보면 일주일에 하나씩 가설을 무너뜨린다는 것이 표준인데, 내가 보기에는 대기업이 반년에 걸쳐야 하는 것을 일주일 단위로 해 나가는 느낌이다.

결론적으로, 비즈니스 모델의 기본적인 아이디어와 어젠다에 관해서는 '끈기 있게' 고집하면서도, 방법론과 접근 방식에 관해서는 가능한 한 '빨리 시도하고 미련 없이' 수정해 나가야 한다.

10. 세부사항에 있어서의 언행일치

경제적 이익의 추구를 넘어 사회적 변혁과 가치의 실현을 목적으로 하는 크리티컬 비즈니스는 그 본질적인 목적과 신념에 뿌리를 두고 있기 때문에 신뢰성과 성실성이 매우 중요하고, 그중 '언행의 일치와 투명성'이 핵심 성공 요인이 된다. 그 이유는 다음과 같다.

첫째, 신뢰성의 확보이다. 크리티컬 비즈니스는 사회적인 가치와 변혁을 추구하고 있으므로 소비자와 관계자로부터 높은 기대나 주목을 받는 경우가 많다. 이 기대에 부응하기 위해서는 약속하고 선언한 것을 실제로 행동으로 보여주면서 그 과정을 투명하게 드러내는 것이 필수다.

둘째, 경쟁자와의 차별화이다. 많은 기업이나 단체가 다양한 사회적 활동을 소리 높여 선전하고 있는 가운데, 실제 행동과 메시지의 일치는 이들과의 명확한 차별화를 낳는 요인이 된다.

셋째는 지속적인 관계 구축에 있다. 언행의 일치와 투명성은 이해관계자와의 지속적인 관계를 구축하는 데 있어 관건이다. 투명성을 가지고 약속을 지킴으로써 장기적인 신뢰 관계와 파트너십을 구축할 수 있다.

넷째, 오해와 의심, 비판을 피하기 위해서라도 언행의 일치와 투명성이 필요하다. 특히 크리티컬 비즈니스는 사회적인 활동이기 때문에 공개적으로 노출되는 기회가 많아, 그런 오해와 의심을 최소화하는 수단으로서 투명성이 요구된다.

마지막으로 영향력의 확대를 위함이다. 사회적인 메시지나 변화를 추진하기 위해서는 그 영향력을 확대할 필요가 있다. 언행의 일치와 투명성은 다른 사람에게 그 방식이나 가치를 전하고 공명을 불러일으키는 데 중요한 요소가 된다.

크리티컬 비즈니스에서 '언행일치 원칙'의 중요성을 알기 쉽게 나타내는 것이 나이키Nike의 'Black Lives Matter'(BLM, 흑인의 생명도 소중하다,라는 뜻으로 2012년 미국에서 흑인 소년을 죽인 백인 방범 요원이 이듬해 무죄 평결을 받고 풀려나면서 시작된 흑인 민권 운동-옮긴이)와 관련된 캠페인 에피소드이다.

나이키는 BLM 운동이 재연되던 2020년 'Just Do It' 슬로건을 일시적으로 'Don't Do It'으로 바꾸는 캠페인을 벌였다. 이 캠페인은 조지 플로이드의 죽음과 그에 따른 전 세계의 항의 활동에 대한 반응으로 'Don't Do It', 즉 '차별을 멈추자'라는 나이키 나름의 호응을 광고 커뮤니케이션의 형태로 호소한 것이다. 이 캠페인은 당초에는 '역시 나이키!'라는 호의적 반응을 얻었지만, 어떤 결정적인 의문이 제시되고 나서 오히려 부정적 반응이 주류를 이루었다.

이 캠페인에 대해 광고업계에 종사하는 활동가 신디 갤럽Cindy Gallop이 SNS에 '흑인 운동선수를 이용해 엄청난 부를 얻고 있는 기업이면서 고위 임원 중에는 흑인이 한 명도 없다. 남의 일에 이러쿵저러쿵 말하기 전에 먼저 이 점부터 다시 생각해보면 어떨까?'라고 비판해 큰 논란이 일었다.[*]

갤럽은 나이키가 겉으로는 사회 정의에 강한 입장을 취하고

---

[*] 나이키는 이 지적을 솔직하게 인정한 후 회사 내 인종적 다양성의 향상을 경영상의 최우선 과제로 선언하고 현재도 그 노력을 계속하고 있다.

있는 것처럼 보여도 실제로 경영진의 구성에서 그 가치관을 실천하지 않는, 그야말로 언행 불일치라고 지적한 것이다. 나이키는 이에 어떤 대꾸도 하지 못했다.

인터넷이 보급되기 이전의 사회에서는 기업에 대한 정보원은 광고가 주를 이루었고, 광고를 통해 기업 이미지를 형성할 수 있었다. 한마디로 기업과 미디어가 합작한다면 기업의 환상적인 이미지를 조작하기가 쉬웠다는 말이다.

그러나 인터넷이 보급되어 누구나 정보에 접근할 수 있게 된 현재 사회에서는 기업의 모든 행동은 인터넷이라고 하는 거대한 창을 통해서 세계에 노출되고 있다. 이러한 상황에서 사회의 추세에 굽실거리는 광고 메시지를 기업이 보낸다고 해도 일관되는 기업으로서의 실천하는 행동이 따르지 않는다면, 그러한 광고는 오히려 마이너스 효과를 가져온다, 말하자면 디브랜딩이 되고 만다.

기업이 수행하는 커뮤니케이션은 지금까지 광고, 홍보, 선전이라고 하는 용어로 개념화되어 왔는데, 앞으로의 기업 커뮤니케이션은 이러한 용어로는 정리할 수 없으며 새로운 영역의 커뮤니케이션이 중요해질 것으로 보인다.

앞에서 말한 기존의 용어는 기업의 '주체적인 커뮤니케이션 의지'를 전제로 하고 있지만, 향후에는 이러한 '커뮤니케이션 의지'의 바깥에서 의도하지 않은 의미를 만들어내는 정보가 발생한다는 사실을 의식해야 한다. 다시 말해 의도하지 않은 커뮤니케이션이 의미를 만들게 되는 것이다. 어떤 장소에 본사를 두고 있는지, 본사가 어떤 구조로 되어 있는지, 어떤 인사 제도를 채택하고 있는지, 어떤 인재를 채용하고 중용하고 있는지 등, 이 모든 게 의미를 창출하는 정보가 된다.

브루넬로 쿠치넬리가 이탈리아 중부의 소도시 솔로메오에 본사를 두고 있다는 이야기를 기억하는가? 브루넬로 쿠치넬리는 비즈니스에서의 인간성 회복, 비즈니스와 자연의 조화에 대해 자주 이야기하는데, 그런 쿠치넬리가 본사를 번잡한 대도시에 두었다면 그런 구호들은 모두 '기만이었구나'로 받아들여져도 이상할 게 없다.

나이키에 대한 일련의 비판은 기업이 사회적인 문제에 목소리를 낼 때의 진정성, 특히 '그 목소리에 걸맞은 행동을 하고 있는가?'라는 점에 큰 의문을 제기한 것이다. 이렇게 사회와 업계를 향한 비판의 측면을 강하게 가지는 메시지 호소가 숙명적으로 요구되는 크리티컬 비즈니스의 실천에는 높은 수준의 '언행일치'가 요구된다.

제 7 장

앞으로의 과제

이 장에서는 우리 시민 한 사람 한 사람이 어떻게 크리티컬 비즈니스의 생성, 성장, 보급에 기여할 수 있는가 하는 논점에 대해 살펴보고자 한다. 크게 7가지의 과제가 있다.

1. 팔로워십 양성

첫 번째로 들 수 있는 것이 사회 전체의 팔로워십 양성이다.

크리티컬 비즈니스는 모두가 당연하다고 믿고 받아들였던 것에 대해 의식적인 비판을 하는 것으로 시작한다. 이때 이 비판에 동의하는 사람이 모이면 크리티컬 비즈니스는 추진력을 만들어 낼 수 있는데, 반대로 말하면 그 비판에 동의하는 사람이 없으면 크리티컬 비즈니스의 이니셔티브는 이룩할 수 없다. 즉 무엇보다 중요한 것이 '팔로워의 존재'라는 것이다.

혁신에 관한 과제를 논의할 때 자주 언급되는 문제가 '리더의 부재'인데, 이에 대한 논점이 매우 애매하게 흘러가는 모양새이다. 내가 보기에 리더의 부재는 오히려 결과이며 그 원인이 문제다.

리더십이라는 말이 마치 능력이나 자질에 관한 개념처럼 취급되고 있지만 원래는 관계성에 관한 개념으로, 일종의 현상을 나타내는 말이다.

리더는 이니셔티브를 세우는 것만으로는 리더가 될 수 없다. 그 이니셔티브에 찬성하고 동의하는 사람, 즉 팔로워가 생긴 순간에 리더십이라는 현상이 나타나고 그 사람은 비로소 리더가 된다. 다시 말해, '리더의 부재'라는 문제는 '팔로워의 부재'라는 원인에 의해 발생한다.

그러나 이는 쉽지 않은 일이다. 사회적 합의가 이루어지지 않은 소수의 어젠다에 공개적으로 동의를 표명하는 일에는 항상 비웃음, 비판, 배척의 대상이 될 위험이 존재하기 때문이다. 그래서 관건은 찬성을 표명하는 최초의 사람, 즉 '퍼스트 팔로워'다.

과거의 사회심리학 및 조직심리학 연구에서 소수의 의견에 찬성은 하지만 다수로부터 고립되는 게 두려워 의견 표명을 보류했던 사람도 자신 이외의 누군가가 한 명이라도 소수 의견에 찬성을 표명하면 크게 용기를 얻을 수 있다는 것을 알 수 있다.

사회적 합의가 명확하지는 않은 어젠다에 공감하고 이 이니셔티브를 응원하는 팔로워가 조금씩 늘어갈수록 크리티컬 비즈니스는 사회를 변화시킬 힘을 만들어 간다. 그래서 이 원동력을 만들어 가는 데 있어서 '최초로 팔로워가 되는 사람, 퍼스트 팔로워'의 중요성은 아무리 강조해도 지나치지 않다.

2. 정보의 확산 및 공유

크리티컬 비즈니스의 패러다임은 어퍼머티브 비즈니스의 패러다임에 비해 아직 덜 알려져 있으므로 이 패러다임의 존재와 그 중요성에 대해 사회 전반적으로 깊게 이해시켜야 한다. 여기서 관건이 되는 것이 크리티컬 비즈니스의 이니셔티브에 공감한 팔로워의 '정보 확산과 공유'이다.

경제학자 앨버트 허시먼Albert O. Hirschman은 저서 『떠날 것인가, 남을 것인가』에서 복잡한 시스템의 성능을 유지하고 향상하기 위해서는 특히 '항의'가 중요하다고 지적하고 있다. 항의란, 이상하다고 생각하는 것, 추악하다고 생각하는 것에 목소리를 높이는 것이며, 한편 재미있다고 생각하는 것, 아름답다고 생각하는 것에도 목소리를 높이는 것이기도 하다.

말은 정보로 이루어져 있고 정보는 에너지를 만들어낸다. 사회 운동은 정보에 의해 만들어진 에너지로 전진한다. 팔로워의 이러한 '항의=정보'가 크리티컬 비즈니스의 이니셔티브를 이륙시키는 큰 에너지를 창출하게 되는 것이다.

그런데 여기까지 읽은 여러분 중 지위도 권한도 없는 자신 같은 사람이 아무리 발언해봤자 사회는 변하지 않는다고 생각하는 분들도 있을 것이다. 하지만 그렇지 않다. 세르주 모스코비치의 소수의 영향력 이론을 기억하는가? 사회에서의 가치관이나 규범은 소수가 다수에 영향을 줌으로써 변화해 간다는 이론이었다.

모스코비치의 연구는 소수가 다수에 영향을 미치려면 몇 가지 조건이 있음을 밝히고 있다. 그 조건을 간단하게 정리하면 '소수가 자신감을 갖고 호소력있게, 일관되고 근원적인 주장을 한다'는 것이다. 이러한 조건이 갖추어졌을 때 소수의 의견은 사회를 변혁하는 큰 영향력을 낳는다.

소수의 사람들이 사회를 바꾸는 큰 파도를 만들어낸 사례 중 하나로 미국에서의 공민권 운동이 있다. 미국의 공민권 운동은 한 명의 젊은 흑인 여성, 로사 파크스Rosa Parks가 버스에서 백인에게 자리를 양보하라는 지시를 거부해 투옥된 작은 사건이었다. 로사는 당시 공장에서 일하는 평범한 노동자였을 뿐, 공민권 운동의 활동가도 사회 운동의 리더도 아니었다. 그녀는 단지 백인을 위해 자리를 양보하라는 말이 불합리하다고 느껴 자신의 정의감에 따라 반론했고, 결과적으로 체포되고 만 것이다. 처음에는 아주 작은 정의감을 발휘한 것에 불과했지만, 그 작은 목소리가 이윽고 세계의 역사를 움직이는 거대한 목소리로 확장되어 미국 전역의 운동으로 번져나갔다.

다행스럽게도 현재 우리에게는 개인이 사회에 정보를 발신하고 공유할 수 있는 다양한 도구가 갖추어져 있다. 이를테면 소셜 미디어를 활용하여 크리티컬 비즈니스에 대한 기사나 뉴스를 공유함으로써 주위 사람들의 관심을 환기할 수 있다. 혹은 개인 블로그나 칼럼을 집필하고 크리티컬 비즈니스에 관한 체험담이나 인터뷰, 분석 및 실제 사례를 제공함으로써 공헌할 수도 있다. 또는 행사나 세미나를 개최한다는 아이디어도 있다. 특히 크리티컬 비즈니스 활동가를 초청한 행사나 워크숍은 참가자들에게 직접적인 배움의 기회를 제공할 수 있을 것이다.

우리에게는 목소리를 낼 책임이 있다. 여러분이 만약 뭔가 잘못된 것 같다고 생각하는 것이 있다면 부디 그것에 항의하고 목소리를 내길 바란다. 또한 여러분이 만약 공감 가는 이니셔티브를 만난다면 '이런 이니셔티브가 나는 매우 좋다고 생각한다'라고 찬성의 뜻을 표명하기를 바란다. 사람들의 그런 행동이 우리 사회를 조금씩 앞으로 나가게 한다.

3. 크리티컬 비즈니스의 제품 및 서비스 이용

공감하는 크리티컬 비즈니스를 만나면 그 상품이나 서비스를 적극적으로 이용하자. 크리티컬 비즈니스가 제공하는 제품과 서비스를 적극적으로 이용하는 것은 이러한 기업의 경제적 기반을 강화하고 그 사회적 사명을 지원하는 데 직접적으로 기여한다.

비즈니스에는 사회를 변혁하는 큰 힘이 있지만, 그 힘이 사회를 일깨워 밝은 방향으로 이끌지, 반대로 우민화해 어두운 방향으로 이끌지는 전적으로 고객인 우리 시민 한 사람 한 사람의 식견, 윤리관, 미의식에 달려 있다.

즉 어떤 사회가 크리티컬 비즈니스를 창출할 수 있는지 없는지는 그 사회에서의 '소비 행동의 성숙도'가 중요하다는 말이다. 자만에 빠진 철부지만으로 이루어진 사회에서는 크리티컬 비즈니스가 탄생하지 않는다.

이 점에서 일본 사회는 크게 뒤처져 있다. 사회적·환경적·정치적인 변화를 일으키려는 의도적인 소비 행동을 '소비 액티비즘'이라고 하는데, 이 소비 액티비즘의 기반이 일본에서는 매우 취약하다.

[도표13]은 2020년에 실시된 '소비 액티비즘'에 관한 국제 비교 조사 결과다.

일본은 영국이나 미국 같은 선진국은 고사하고 인도 및 중국 같은 신흥국과 비교해도 소비 액티비즘이 침투하지 않은 것을 잘 알 수 있다. 특히 심한 항목이 '환경적 부담이 적은 제품이나 공정 무역 제품은 다소 비싸더라도 선택한다'라는 항목인데, 다른 나라가 60%에서 80% 정도의 수치를 기록하고 있는 가운데 일본은 39%밖에 되지 않는다.

이러한 조사 결과는 종종 기업에 '환경을 생각한 상품은 일본

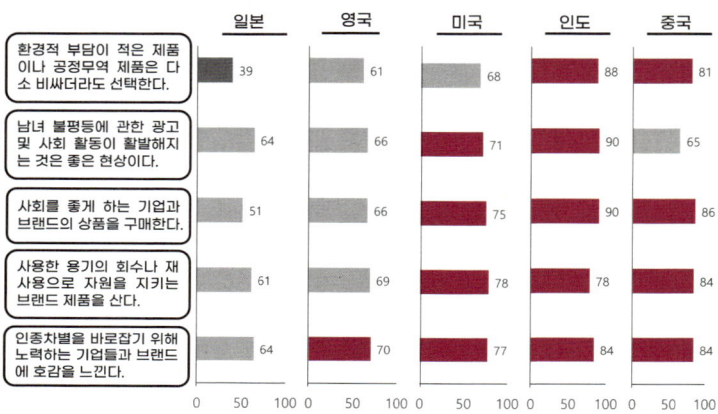

도표13 사회를 바꾸는 소비 액티비즘 기반이 현저하게 취약한 일본

출처: 광고회사 (주)덴쓰의 Social Good 의식 조사(일본, 영국, 미국, 중국, 인도 편)

에서는 팔리지 않는다'라는 변명으로 쓰이기 쉽다. 하지만 그 반대로, 기업이 커뮤니케이션 활동을 통해 소비자의 '선택의 책임'에 관해 호소하지 않은 결과가 이 상황을 초래하고 있는 것은 아닌지 묻고 싶어진다.

우리는 상품을 구매할 때 어떤 내력으로 만들어졌는지를 의식해야 한다. 상품이나 서비스를 구매할 때 그 기업이 드러내고 있는 가치나 목적이 자신이 지지하는 가치관과 일치하고 있는지도 확인해야 한다. 실제로 상품이나 서비스를 이용했으면 크리티컬하고 건설적인 피드백을 공개하고 공유하자. 양질의 피드백은 기업이 상품과 서비스의 문제점을 확인하는 데 도움이 되고, 또한 무엇보다 다른 시민들이 자신의 선택에 더욱 의식을 가지는 계기가 된다.

4. 크리티컬 비즈니스에 대한 참여

상품이나 서비스를 구매하는 것에서 한층 더 나아가 공감하는 어젠다를 내거는 크리티컬 비즈니스의 이니셔티브를 만나면 가능한 여건 내에서 참여해보자. 본업을 내팽개치고 전념할 필요는 없다.

환경 조건은 충분히 잘 갖추어져 있으므로 참여 방법의 수준은 창의력에 따라 달라진다. 코로나19의 영향으로 재택근무가 전 세계적으로 보급된 결과 수많은 기업이 겸업과 부업을 허용하고 있다. 현재의 일본에서는 대략 70~80%의 기업이 형태에 상관없이 겸업과 부업을 인정하고 있다.

참고로 이런 이야기를 하면 우리 회사는 보수적인 회사라서 아직도 겸업과 부업은 금지하고 있습니다,라고 말하는 사람이 있는데, 근본적으로 회사는 직원의 겸업과 부업을 금지할 수 없다. 취업 규정에 정해진 시간 이외의 시간을 어떻게 사용할지 회사는 규제할 수 없기 때문이다. 크리티컬 비즈니스에 어떤 형태로든 관여하고 싶지만 회사가 겸업과 부업을 허락해 주지 않는다는 사람은 일단 회사와 계약 조건을 제대로 논의해 보기를 바란다.

자, 이야기를 다시 되돌려서, 겸업과 부업이 인정되면 무엇이 좋을까? 개인이 커리어 포트폴리오를 가질 수 있게 된다,라는 점이 최대의 장점이다. 기업이 리스크의 성질이 다른 여러 사업을 포트폴리오로 보유해 리스크와 수익의 균형을 최적화하는 것과 마찬가지로 개인 역시 여러 경력을 동시에 병행하여 리스크와 수익의 균형을 최적화할 수 있다.

특히 안정적으로 수입을 얻을 수 있는 일을 본업으로 하면서 강하게 공감할 수 있는 사업에도 어떠한 형태로든 관여하는 근로 방식이 앞으로 증가할 것으로 예상된다.

본업과는 별도로 크리티컬 비즈니스 이니셔티브에 관여하는 것은 다음 네 가지 이점을 가져다준다.

첫 번째가 '의미적 가치의 충족'이다.

이미 지적한 대로, 현재 일본에서는 회사에 대한 애착 수준이 바닥으로 떨어졌는데, 이는 일하는 의미를 느끼기가 매우 어려워졌다는 뜻이다. 본업을 가진 채로 공감할 수 있는 이니셔티브에 어떠한 형태로든 관여하면 자신의 인생에서 의미적 가치를 크게 보충할 수 있다.

두 번째가 '커리어 리스크의 분산'이다.

21세기에 들어서면서 사업의 수명은 갈수록 단축되는 추세다. 이러한 시대에 하나의 일에 인생을 의존하는 것은 높은 리스크를 떠안는다. 본업과는 별도로 크리티컬 비즈니스 이니셔티브에 관여함으로써 리스크와 수익의 균형을 최적화할 수 있다. 이는 앞서 말한 '커리어의 바벨 전략'에 해당한다. 다시 설명해 커리어의 바벨 전략이란 리스크와 수익의 성질이 크게 다른 일을 여럿 가진다는 말인데, 크리티컬 비즈니스에 관여하는 팔로워에게도 이 접근법은 효과적이다.

세 번째가 '학습의 가속'이다.

본업 이외에 여러 일을 가짐으로써 학습을 가속할 수 있다. 최근에 많은 기업에서 높은 직급의 인원이 과잉되면서 '경험 가치의 디플레이션'이 일어나고 있다. 본업을 가진 채로 다른 일에 관여함으로써 단위 시간당 경험 밀도를 높이고 학습을 가속화할 수 있다.

네 번째가 '사회관계 자본의 확충'이다.

본업 이외에 크리티컬 비즈니스 이니셔티브에 관여하면 인맥, 평판, 신용이라고 하는 사회관계 자본을 확충할 수 있다. 특히 중요한 것은 이 사회관계 자본이 본업으로 근무하고 있는 기업의 바깥에서 확충 가능하다는 점이다. 본업으로 근무하고 있는 기업 바깥에 사회관계 자본이 생기는 것으로, 본업에 얽매이는 정도가 줄어들고 앞으로의 커리어를 생각하면서 선택지를 다양화하고 옵션 가치를 높일 수 있다.

5. 자금 투자

공감할 수 있는 어젠다를 내건 크리티컬 비즈니스를 만나면 개인 투자가로서 관여하는 가능성도 생각해보자. 자금은 지속 가능한 운영을 유지하고 사회적 영향을 확대하는 데 필수적이다. 개인 투자가로서 이러한 기업이나 프로젝트에 자금을 제공하는 것은 그 성장과 성공을 뒷받침하는 중요한 역할을 한다.

크리티컬 비즈니스의 이니셔티브에 대해 자금 제공자로서 참여하는 방식에는 크게 두 가지가 있다.

첫 번째는 크라우드 펀딩 기획이다. 크라우드 펀딩은 많은 사람들에게서 자금을 모으는 것으로 프로젝트나 비즈니스, 제품 개발 등을 지원하는 방식이다. 인터넷을 이용해 광범위한 후원자를 모집하고 소액으로도 자금 제공이 가능하기 때문에 많은 아이디어나 프로젝트가 자금 조달을 실현할 수 있다.

전 세계 바다의 플라스틱 폐기물 제거를 목표로 하는 '오션 클린업'을 시작으로 지금까지 많은 크리티컬 비즈니스가 크라우드 펀딩 방식을 이용해 이니셔티브를 성공적으로 시작했다.

두 번째는 임팩트 투자(사회나 환경에 긍정적인 영향을 미치는 사업이나 기업에 돈을 투자하는 행위-옮긴이)이다. 이는 공감할 수 있는 어젠다를 내건 기업의 주식에 직접 투자하거나, 혹은 그 기업의 주식이 편입된 펀드에 참여하는 방식이다. 임팩트 투자는 재무적 수익과 더불어 그 이상으로 사회적 수익을 추구한다.

특히 임팩트 투자에서 중요한 것은 주주로서 크리티컬 비즈니스 운영에 직접적인 영향을 줄 수 있다는 점이다. 시카고대학 경영대학원 교수 루이기 진갈레스의 연구에서 사회와 환경에 대한 문제의식이 높은 투자가가 경영진의 판단에 긍정적인 영향을 주어 기업이 더 큰 사회적 공헌을 하도록 방향을 전환시킨다는 내용은 앞에서도 말했다.

진갈레스 교수는 이 연구에서 이해관계자가 기업에 압력을 주는 전략을, 주식 매각 등을 통해 조직에서 이탈함으로써 영향을 미치는 '이탈 전략'과 주주로서 발언하고 조직 운영에 적극적으로 관여하려는 '발언 전략'으로 양분하였다.

이 두 전략을 비교한 결과, 더 큰 사회적 영향력을 낳기 위해서는 이탈 전략보다 발언 전략이 훨씬 효과적임을 밝히고 있다. 즉 우리는 주주의 입장에서 크리티컬 비즈니스에 적극적으로 관여함으로써 사회적 영향력 창출에 이바지할 수 있다는 것이다.

6. 교육과 학습

크리티컬 비즈니스가 생겨나고 성장할 수 있을지의 여부는 그 사회의 사람들이 가지고 있는 '공공성에 대한 관심', '미래의 타인에 관한 관심'의 수준에 달려 있다고 말했다. 따라서 크리티컬 비즈니스의 어젠다가 되는 사회 문제의 존재에 관한 교육과 학습은 크리티컬 비즈니스의 발생과 성장에 매우 중요한 요소가 된다. 몇 가지 구체적인 접근 방식을 설명하겠다.

첫째, 책과 전문지의 열독.

크리티컬 비즈니스와 관련된 책과 보고서를 읽어보자. 세계에서 일어나고 있는 문제 혹은 크리티컬 비즈니스의 사례에 대해서, 또는 시민 운동의 성공 법칙에 관해 책에서 배울 수 있는 게 많다. 참고로 이 책의 뒷부분에 북 가이드를 실었으니 참고하기를 바란다.

둘째, 크리티컬 비즈니스와 관련된 강좌 및 워크숍 참가.

비즈니스스쿨이나 대학 등의 교육 기관이 실시하는 크리티컬 비즈니스와 관련된 강좌나 워크숍이 많이 진행되고 있다. 특히 최근에는 온라인으로 참여할 수 있는 것들도 많으니 장소에 구애받지 말고 적극적으로 참여해보자.

셋째, 콘퍼런스 및 투어 참가.

크리티컬 비즈니스를 실천하는 활동가와 대화를 나누는 콘퍼런스나 투어에 참여해보자. 이 책을 집필하게 된 계기가 유럽의 활동가들과 대화하기 위한 투어였다는 걸 기억하는가.

크리티컬 비즈니스를 실천하는 활동가들의 사고와 행동 양식을 직접 접함으로써 큰 자극을 얻을 수 있다.

넷째, 성공 사례 공유.

크리티컬 비즈니스에 관심 있는 동료들을 모아 각자 개별적으로 모은 성공 사례를 공유하는 스터디를 열어보자. 가능하다면 활동가를 초빙해 대화하는 방법도 좋다.

나아가 이러한 방식을 통해 크리티컬 비즈니스의 어젠다나 활동가의 사고와 행동 양식에 대한 이해가 깊어졌다면 기회를 찾아 '가르치는 입장'으로도 도전해 보자.

예를 들어 소셜 미디어나 블로그를 통해서 자신이 연구하고 고찰한 내용을 공표해 보는 것도 좋다. 혹은 자신의 연구와 고찰을 공유하는 워크숍을 개최하거나 기업 연수 및 교육 기관에서 이야기할 기회를 가져보는 것도 좋다. 가르칠 기회를 스스로 만들면 그때까지 배운 것을 더 깊이 이해하게 된다.

배우고 가르치는 것을 통해 세계와 미래로 눈을 돌려 보자. 앞에서 말했듯이 크리티컬 비즈니스의 기저에는 '먼 타인', '미래의 타인'에 대한 공감이 깔려 있다. 우리는 제대로 알지 못하는 문제나 이니셔티브에 대해서는 마음이 움직이지 않기 때문에 계속 배워야 한다. 프랜시스 베이컨의 말대로 '아는 것이 힘'이니까.

7. 네트워킹 및 커뮤니티

사회 운동의 원동력은 '점'에 불과했던 문제의식을 여러 개인들이 공유하고 연결되어 '선'이 되고, 그 선이 어우러져 '네트워크'가 되었을 때 크게 전진한다.

이 책을 읽고 크리티컬 비즈니스에 관심이 생겼다면 반드시 같은 관심을 가진 사람들과 연결해 네트워크를 구축하자. 네트워킹 및 커뮤니티 형성은 크리티컬 비즈니스를 둘러싼 생태계를 강화하고 개인 및 조직 간의 협력을 촉진하는 데 필수적이다. 공통의 목적과 가치관을 가진 사람들이 연결되면 상승효과가 생겨 더 큰 사회적 영향을 실현할 수 있다.

구체적인 방식으로는 다음과 같은 접근법을 생각할 수 있다.

첫째, 관련 단체 및 네트워크 참여.

크리티컬 비즈니스에 관심을 가지는 단체나 네트워크에 참여해 같은 뜻을 가진 사람들과의 관계를 구축하자. 여기에는 전문가 모임, 업계 단체, 지역 커뮤니티가 포함된다.

둘째, 이벤트 기획 및 참여.

네트워킹 이벤트 및 커뮤니티 미팅을 스스로 기획, 실행함으로써 흥미를 공유하는 사람들을 연결하자. 또한 타인이 주최하는 이벤트에 적극적으로 참여하여 인맥을 넓힐 수 있는 기회를 찾자.

셋째, 멘토십 활용.

크리티컬 비즈니스 분야에서 경험을 쌓은 활동가에게 멘토가 되어 달라고 요청하자. 실천 경험이 있는 활동가의 지도를 받으면 개인의 성장과 프로젝트의 성공으로 이어지는 귀중한 통찰을 얻을 수 있다. 나아가 자신이 멘토가 되어 후진을 양성하는 기회도 적극적으로 만들어 나가자.

이러한 접근법을 생각할 때 참조가 되는 것이 사회 기업가, 정책 입안자, 시민사회의 대표자가 모이는 국제적 이벤트 SEWF(Social Enterprise World Forum)이다. 이 포럼은 사회적 기업 분야에서 지식 공유, 모범 사례 교환 및 분야 전체의 제휴를 촉진하기 위해서 설립되었고, 지속 가능한 방법으로 사업을 수행하는 조직을 지원한다.

최초의 SEWF 개최지는 2008년 스코틀랜드 에든버러였고, 가장 최근에는 2023년 10월 네덜란드 암스테르담에서 개최되었다. 당시 나는 일정이 여의치 못해 온라인으로 참여했는데, 크리티컬 비즈니스에 관한 세계적인 수준의 콘텐츠를 접했고 네트워킹을 형성했으며, 다양한 토론과 워크숍을 통해 이 책을 집필하는 데 필요한 귀중한 통찰과 지식을 얻을 수 있었다.

일탈자로 인해 다수의 규범이 업데이트되는 열린 사회

앞에서는 크리티컬 비즈니스를 만들어 가는 데 있어 우리의 7가지 과제에 대해 알아보았다. 그럼 이 장의 마지막으로, 내가 생각하는 일본 사회에서의 최대 도전에 대해 이야기해 보고자 한다.

이미 말했듯, 사회는 다수가 아니라 오히려 소수의 주장에 의해 변화한다. 사회의 지배적 가치관이나 규범에 대해 일탈자, 소수가 반기를 들면 그동안의 안정된 환경과 시스템이 흔들리는 상태에 놓인다. 소수와 다수 사이에 생기는 그러한 대립은 결국엔 다음의 안정 상태를 만들어 가고, 그렇게 사회는 변천해 간다. 여기서 말하는 '열린 사회'란 그런 의미이다.

만약 기존의 규범을 모두가 준수하고 누구도 반항하지 않는다면 사회는 지극히 안정적이고 질서는 있겠지만 변화는 일어나지 않고 역사는 거기서 멈춘다. 언제까지나 똑같은 가치관이 규범으로서 강한 권위를 가지는 사회는 범죄가 발생하지 않을지는 모르나 창조 또한 발생하지 않는다.

창조와 범죄는 정반대의 행위로 보일 수 있는데 그것은 사회가 덧붙인 규정이며, 두 행위에는 표리일체의 측면이 있다. 범죄 발생률이 가장 높아지는 연령대는 10대 후반으로, 이는 창의성과 문제 해결 능력의 기초가 되는 유동성 지능이 가장 발달하는 시기이기도 하다. 두 행위의 유사성은 우연에 의한 것이 아니다.

일본은 현재 '안전·쾌적·편리'라고 하는 가치를 가장 고차원으로 실현한 사회를 구축했지만, 그 안정성의 높이가 '약간의 일탈도 허용할 수 없다'라는 큰 비용을 낳기도 했다. 여기에 일본이 마주해야 할 큰 역설이 존재한다.

일탈이 용납되지 않는 사회란 어떤 사회일까? 사회학자 에밀 뒤르켐Emile Durkheim은 『사회학적 방법의 규칙들』에서 다음과 같은 취지의 지적을 하고 있다.

> 범죄는 바람직하지 않지만, 사회의 건전함을 증명하는 기준점이기도 하다. 일탈의 정도를 줄이려는 집단의식이 강해질수록 일탈에 대한 집단의식은 민감하고 엄격해지는 사회가 된다. 다른 사회에서는 큰 일탈에 대해서만 나타나는 거센 반발이 작은 일탈에

서도 일어난다.

　뒤르켐의 말대로 일탈한 개인을 용납하지 못하는 사회에서는 범죄는 억제되지만 창조 또한 정체된다. 소수의 일탈자에 의해 다수의 규범이 업데이트되어 사회가 변화한다면 우리는 일탈자를 어느 정도 관용해야 한다. 그러나 과거의 사례를 보면 일본에서는 일탈자에게 큰 사회적 제재가 가해지는 경우가 적지 않았다.
　일본 영화 최초로 베네치아 국제 영화제에서 황금사자상을 수상한 구로사와 아키라 감독의 「라쇼몽」을 일본 영화계는 헐뜯기에 바빴고, 태평양을 요트로 단독 횡단한 호리에 겐이치는 '비자를 받지 않았다'는 이유로 일본 언론의 총공격을 받았다. 해외 지휘자 콩쿠르에서 우승하고 번스타인과 카라얀의 지도를 받고서 귀국한 오자와 세이지의 국내 연주회는 NHK 교향악단의 보이콧으로 무산됐고, 메이저리그에 진출하려고 했던 노모 히데오 투수의 도전에는 많은 야구 평론가가 '안 통한다', '메이저를 만만하게 보지 말라'라는 비난을 퍼부었다. 뒤르켐의 말대로 다른 사회라면 큰 일탈에 대해서만 나타나는 격렬한 반발이 온갖 일탈에서도 일어나는 것이 바로 일본 사회이다.

질서와 일탈의 이항 대립을 넘어

　일탈과 리더십에는 불가분한 점이 있다. 리더십의 어원은 잘 알고 있듯이 'Lead, 즉 이끌다'인데, 이 말은 원래 'Leith'라는 인도 유럽어족의 언어를 바탕으로 하고 있으며, 그 의미는 '경계선을 넘다'이다. 단순히 이끄는 것만이 아니라 과거의 규범이나 정석, 관습 등의 '선을 넘는' 것에야말로 리더십의 본질이 있다고 한다면, 일탈을 허용하지 않는 사회에서는 리더 또한 생기지 않는다는 말이다.

그렇다면 우리는 앞으로 발전과 질서 중 어느 쪽을 중시해야 할까? 영국의 환경활동가 제레미 윌리엄스는 '일본, 세계 최초의 포스트 성장 경제'라는 제목의 2011년 논설에서 다음과 같이 말했다.

> 그래도 여전히 불은 켜져 있고 모든 게 잘 돌아가고 있다. 문맹률과 범죄율은 낮고, 평균 수명은 세계 어느 나라보다 길다. 전철은 초 단위로 정확하게 달리며 실업률은 겨우 5%에 불과해 부러울 정도이다. 사실 일본이라는 나라는 높은 수준의 삶을 이어가기 위해 반드시 경제 성장이 필요하지는 않음을 보여주는 산증인이다.

일탈을 용납하지 않는 일본은 사회의 기반이 크리티컬 비즈니스가 꽃피우기에는 적합하지 않을 수 있다. 그러나 그 기반은 반면에 자타가 공인하는 일본의 '안전·쾌적·질서'라는 장점을 낳았다. 이 이율배반적인 관계는 멈출 수 있을까?

'안정적이고 질서가 유지되지만, 아무런 일탈도 인정되지 않고 변화가 일어나지 않는 사회'와 '불안정하고 질서가 문란하지만, 일탈이 인정되고 잇달아 변화가 일어나는 사회' 중 어느 쪽이 좋은가?라고 물으면 내 대답은 '둘 다 아니다'이다.

일본 사회가 앞으로 점점 더 세계에서 높이 평가받을 안전, 쾌적, 질서 유지의 장점은 유지하면서 일탈자로 인해 규범이 업데이트되는 '열린 사회'를 만들어낼 수는 없을까?

답은 둘 모두를 지양하는 새로운 세 번째 항목 '조화'밖에 없다. '창조와 파괴', '일탈과 질서'가 동시에 성립하고 균형을 이루는 동적 평형 상태를 사회에 만들어 가는 것, 이 조화가 우리에게 요구되는 최대의 도전이다.

마치며

지금으로부터 반세기 전인 1973년 1월 23일 아이슬란드 연안의 베스트만 제도에 속하는 헤이마에이섬에서 갑자기 화산 폭발이 일어났습니다. 다행히 섬 주민의 대부분은 무사히 구출되었지만, 그 후 5개월이라는 긴 기간 동안 분화는 계속되어 섬 주민의 3분의 1이 집을 잃었습니다. 이 '3분의 1'이라는 숫자가 중요합니다.

섬 주민의 '3분의 1'이 집을 잃었다는 말은 반대로 말하면 섬 주민의 '3분의 2'의 집은 남았다는 말이지요. 용암류에 삼켜지고 화산재에 파묻혀 잃어버린 집을 재건하는 데에는 그야말로 막대한 비용이 듭니다. 불행하게도 집을 잃은 사람들은 다른 집을 다시 지을 수밖에 없었습니다.

집이 용암류에 삼켜지고 화산 잔해로 파괴되는 것은 순전히 확률의 문제입니다. 즉, 이 화산 폭발로 집을 잃은 '3분의 1'과 집을 잃지 않은 '3분의 2' 사이에 어떠한 능력적, 자질적인 차이가 있었던 것이 아니라, 단지 운의 좋고 나쁨이라는 차이밖에 없었습니다.

결국 집을 잃은 사람들은 정부로부터 보조금을 받아 섬의 다른 곳에 집을 짓거나 아예 다른 지역으로 이주할 수도 있었습니다. 헤이마에이섬은 오랫동안 어업으로 번창한 섬입니다. 집을 잃은 주민의 대부분은 조상 대대로 어업이라는 가업을 영위해 온 집안에서 태어났으며, 본인 또한 어업인으로서의 삶을 당연히 여기며 화산 폭발 직전까지 살아왔습니다.

그런 그들이 화산 폭발로 집을 잃게 되자 '나는 앞으로 어떻게 살 것인가'라는 물음에 직면하지 않을 수 없게 되었지요. 그리고 최종적으로 화산 폭발로 집을 잃은 사람의 42%가 섬을 떠나 대대로 이어온 가업이었던 어업을 버리고 다른 삶을 살기로 결정했습니다.

자, 흥미로운 점은 여기서부터입니다. 아이슬란드는 인구가 아주 적은 나라이기 때문에 주민들의 통계가 아주 정확하게 기록되어 있어, 납세 및 기타 기록을 이용해 이 당시 헤이마에이섬에 거주하던 사람들이 이후 어떤 삶을 살았는지를 정밀하게 추적할 수 있었습니다.

이렇게 '불운한 계기'로 집을 잃고 섬을 떠나기로 결단한 사람들의 삶은 그 뒤로 어떻게 되었을까요? 의문을 가진 한 연구자가 조사했더니 이 사람들, 즉 불운하게도 집을 잃고 어쩔 수 없이 섬을 떠나기로 결단을 내린 사람들의 평생 수입이 섬에 남은 사람들의 수입을 크게 웃돌았다는 것이 밝혀졌습니다.

이러한 현상에 대해 세울 수 있는 가설은 다양합니다. 이를테면 섬을 떠나 더 좋은 교육 환경에서 대학 진학률이 올라간 것이 아닐까, 혹은 적성에 맞는 일을 찾는 데 있어 더 유리한 조건은 아니었을까 등등. 많은 가설들이 있지만 근본적으로는 화산 폭발이라고 하는 '단기적으로는 불운한 계기'로 인해 '앞으로 나는 어떻게 살아가야 할 것인가'라는 물음에 제대로 직면할 수밖에 없었던 원인에 기인했던 것입니다. 화산 폭발로 집을 잃는 일이 없었다면 그들 대부분은 여전히 섬에 살면서 그들의 조상과 마찬가지로 어부로서의 삶을 살며 평생을 마감했을 것입니다.

그리고 이 연구가 밝혀낸 또 다른 흥미로운 점은, 운 좋게도 화산 폭발로 '집을 잃지 않은 사람'의 27%도 보조금을 받지 않고 섬을 떠나겠다는 결단을 내렸으며, 이 사람들도 섬에 남은 사람들보다 최종적으로는 더 풍요로운 삶을 살았다는 사실입니다. 왜 집을 잃지도 않았는데 가업을 버리고 새로운 세계에서 살겠다는 위험을 짊어지는 결단을 했는지는 모르겠습니다. 아마 당사자도 정확히 대답할 수는 없을 겁니다. 다만 확실히 말할 수 있는 건 화산 폭발이라는 계기로 그들은 '앞으로 나는 어떻게 살아갈 것인가, 여태 살아온 대로 쭉 살아가도 괜찮을까'라는 물음을 마주하게 되었고, 많은 사람들이 직감적으로 '그건 아니다'라는 판단을 내렸다는 겁니다.

사회경제학자들 세계에서 유명한 이 사례는 코로나 이후의 삶을 어떻게 살아갈 것인가를 고민해야 하는 현재의 우리에게 깊은 시사점을 안겨줍니다.

우리가 지난 몇 년간 겪은 코로나바이러스로 인한 위기는 헤이마에이섬의 화산 폭발과 마찬가지로 단기적으로는 불행한 사고에 불과합니다. 그리고 헤이마에이섬의 주민과 마찬가지로 작은 사고가 초래하는 '부정적인 영향'은 사람마다 차이가 있습니다.

이웃 간에 한쪽은 화산 잔해로 산산이 부서진 반면, 다른 한쪽은 상처 하나 없는 일이 일어난 것과 마찬가지로, 코로나로 인해 어떤 기업은 파산에 내몰렸지만, 어떤 기업은 반대로 매출과 이익이 개선되는 일이 전 세계에서 일어났습니다.

급속하게 진행되는 예측 불가능한 패닉의 영향 때문일 뿐, 이 둘을 가른 것은 경영력도 현장의 힘도 아닌, 결국 '운'이라고 밖에 말할 수 없을지도 모릅니다. 그리고 그 조직에 속해 있는 개개인은 '운이 나빴다' 혹은 '운이 좋았다'로 일희일비하며 한시라도 빨리 평온한 '일상'이 회복되기를 바라고 있을 것입니다.

하지만 우리는 정말 과거 일상의 온전한 회복을 원하는 걸까요? 우리 사회, 우리 개개인의 삶에, 그 이전에 아무런 문제가 없었다고 자신 있게 대답할 수 있는 사람은 아마 없을 겁니다. 그렇다면 우리는 헤이마에이섬을 떠나기로 결정한 사람들이 화산 폭발 후에 '나는 앞으로 어떻게 살아갈 것인가'를 고민했던 것과 마찬가지로, '앞으로 어떠한 사회를 만들어 갈 것인가, 앞으로 어떻게 살아갈 것인가'라는 물음에 마주해야 하지 않을까요? 이 혼돈에 겁을 먹고 오로지 일상성의 회복만을 바랄지, 이 혼돈을 계기로 인생의 재설계를 꾀할지는 최종적으로 여러분에게 달려 있습니다.

세계적 베스트셀러 『블랙 스완』의 저자이자 리스크 연구가인 나심 니콜라스 탈레브Nassim Nicholas Taleb는 외부의 압력이나 스트레스로 인해 오히려 성과가 상승하는 현상을 '반취약성'이라고 정의했습니다. 유전자나 생태계 등 오랜 기간에 걸쳐 지속되어 온 시스템은 반취약한 데 반해, 그토록 거대한 존재감을 내뿜어놓고 어이없이 소멸해 버린 리먼 브라더스나 엔론과 같은 거대 기업은 '겉보기에만 튼튼해 보이는 취약한 시스템'이라고 지적하고 있습니다.

이 대비 구조는 현재의 사회·조직·사람을 깊이 있게 파악하는 통찰을 줄 수 있다고 생각합니다. 당연히 헤이마에이섬에서 일어난 일은 '반취약' 현상의 전형입니다. 화산 폭발로 인한 집의 파괴라는, 인명 손실을 제외하면 더 이상의 불행은 없다고 할 정도의 혼돈에 습격당한 사람들의 성과가 결국에는 장기적으로 크게 상승하였지요. 나중에 돌아보면 코로나로 인한 팬데믹 또한 '반취약한 시스템'과 '튼튼해 보였지만 사실은 취약했던 시스템'을 나누는 계기가 됐다고 말할 겁니다.

우리 대다수는 지금까지의 인생이 앞으로의 인생을 결정한다고 생각하기 쉽습니다. 이 생각은 '과거는 바꿀 수 없다, 바꿀 수 있는 것은 미래뿐이다'라는 선입견에 근거하고 있는데, 과연 그럴까요?

헤이마에이섬 사람들에게 화산 폭발은 바꿀 수 없는 과거입니다. 그러나 그 과거가 의미하는 바는 섬에 남은 사람들과 섬을 떠난 사람들 사이에선 크게 달라집니다. 섬에 남은 사람에게 화산 폭발은 단순히 불쾌한 사건에 불과합니다. 그러나 섬을 떠난 사람에게 화산 폭발은 '자신의 인생이 가지고 있는 풍부한 가능성을 깨닫게 해 준 계기'라는 의미도 가집니다.

그들이 품고 살게 될 화산 폭발의 의미 차이는 '화산 폭발 이전의 삶'에 의해서가 아니라 '화산 폭발 이후의 삶의 방식'에 의해 생겨납니다. 즉 미래에 의해 과거가 바뀌었다는 말이지요. 과거는 앞으로 어떻게 살아가느냐에 따라 얼마든지 바뀔 수 있다는 의미입니다.

어부가 되겠다는 미래 외에는 생각해 본 적도 없었던 헤이마에이섬 사람들에게 섬을 떠난다는 것은 매우 큰 결단이었을 겁니다. 무엇보다 그들 중 상당수는 이렇다 할 미래 계획도 의지할 만

마치며

한 일자리도 없었으니까요. 그러나 그런 그들이 결과적으로 섬에 남기로 선택한 사람들보다 더 풍요로운 삶을 살았다는 사실은 우리에게 '미지에 몸을 내던져 나가는 것', '더 열린 기회에 자신을 내던져 나가는 것'의 중요성을 보여줍니다.

활동가를 위한 북 가이드

『Post-Growth Living』 케이트 소퍼.

저자 케이트 소퍼는 영국의 철학자. 그녀는 이 책에서 경제 성장이 멈춘 후의 세계에서 어떻게 풍요로운 삶이 있을 수 있는가에 대해 고찰합니다. 본문에서 이미 소개한 이반 일리치의 '기쁨에 찬 절제와 해방되는 금욕'에 대해 깊이 생각할 수 있는 가이드가 됩니다.

『환경운동의 11가지 도구들』 노라 갤러거 외.

파타고니아가 전 세계의 환경 보호 활동가를 모아 개최하는 '풀뿌리 활동가들을 위한 도구 회의'라는 콘퍼런스에서 이루어진 기조연설들을 수록했고, 환경 보호 활동에 대한 성공 사례들도 보고합니다. 크리티컬 비즈니스를 실천하는 데 경험이 많은 환경 보호 활동가들의 제안은 풍부한 통찰을 줍니다.

『Grow the Pie』 알렉스 에드먼스.

기업이 사회 전체 이익의 총량 즉, 파이를 성장시킴으로써 주주뿐 아니라 직원, 고객, 그리고 사회 전체에 이익을 가져다줄 수 있다는 것이 이 책의 취지. 기업이 장기적인 관점을 가지고 지속 가능성과 사회적 영향을 중시함으로써 최종적으로는 그 기업 자체의 가치가 높아진다는 관점을 제공하며, 이를 증명하기 위해 다양한 연구 결과를 소개합니다.

『비폭력 시민 운동』 에리카 체노웨스.

저자 에리카 체노웨스는 비폭력 시민 운동의 연구자. 시민 운동을 실천하는 데 비폭력적 수단이 폭력적 수단보다 효과적임을 과학적 데이터로 설명하고, 시민 운동의 전략과 원칙을 제공합니다. 사회적·정치적 변화를 추진하는 데 있어 무엇이 효과적이고 또 효과적이지 않은지를 배울 수 있습니다.

『사회 변화를 위한 시스템 사고』 데이비드 피터 스트로.

복잡한 인과 관계를 갖는 사회 문제를 해결하기 위한 방식으로서의 시스템 사고를 소개합니다. 지금까지 해결하기 어려웠던 사회적인 과제에 접근해 광범위한 이해관계자의 포섭을 목표로 하는 크리티컬 비즈니스의 실천에 있어서 시스템 사고는 운동가에게 필수적인 소양입니다.

『사회에 관한 새로운 의견』 로버트 오언.

저자 오언은 자본주의 여명기에 활약한 자본가이자 경영자, 사회 활동가입니다. 오언은 이 책에서 노동조건 개선, 교육의 접근성 확대, 그리고 협동조합 설립을 통해 더욱 공정하고 평등한 사회를 실현하는 방법을 제안합니다. 오언의 사회 개혁 접근 방식은 오늘날 노동 환경 개선과 사회적 공정을 지향하는 기업의 역할을 재고하는 계기를 마련해줍니다.

『세상을 바꾸는 비즈니스』 마크 베니오프 외.

비즈니스가 가지는 힘을 이용해 사회 문제에 적극적으로 대처하는 방법, 이익 추구와 사회적 책임의 균형을 유지하는 방법에 관해 설명. 세일즈포스의 창업자인 마크 베니오프의 실천적인 접근법은 이익과 사회적 영향을 모두 추구하는 크리티컬 비즈니스 리더에게 실용적인 지침을 제공합니다.

『가난한 사람이 더 합리적이다』 아브히지트 바네르지 외.

저자 바네르지와 뒤플로는 MIT 경제학자로 2019년 노벨 경제학상 수상자. 두 사람은 이 책에서 빈곤을 단순한 소득의 부족으로 보지 않고 교육, 건강, 금융 접근성 등 여러 요인을 조합해 분석하고, 실증적인 연구를 통해 빈곤 감소를 위한 효과적인 정책을 제안합니다. 바네르지가 제시한 데이터 기반 분석과 구체적인 해결책은 사회적 책임을 중시하는 크리티컬 비즈니스에 있어서 중요한 지침이 됩니다.

『Cultures and Organizations』 헤이르트 호프스테더.

저자 호프스테더는 네덜란드의 심리학자. 권력 격차, 개인주의 대 집단주의, 남성성 대 여성성, 불확실성 회피 성향 등을 설명합니다. 우리의 문화를 둘러싸고 있는 '당연한 공기'가 얼마나 당연하지 않은 특수한 것인지를 깨닫게 합니다.

『누가 세상을 바꾸는가』 프랜시스 웨슬리 외.

구체적인 사례와 이론을 섞어가며 소셜 이노베이션의 프로세스와 실천에 관해 설명합니다. 사회적 과제에 대처하고자 하는 경영인과 활동가에게 실천적인 가이드가 됩니다.

『도덕감정론』 애덤 스미스.

인간에게는 타인을 동정하거나 공감하는 감정적 능력이 있으며, 이 두 가지 감정이 인간의 도덕적 판단의 기초라고 말합니다. 공감을 주요 자원으로 전개하는 크리티컬 비즈니스를 실천하는 데 있어 공감에 대해 다양하게 생각할 수 있는 관점을 제공해 줍니다. 애덤 스미스라고 하면 『국부론』이 유명하지만, 본인이 자신의 대표작으로 여겼던 건 오히려 이쪽으로 보입니다.

『인간을 위한 디자인』 빅터 파파넥.

저자 빅터 파파넥은 미국의 산업 디자이너. 디자인의 사회적·환경적 책임에 대해 매우 크리티컬한 비판을 전개합니다. 파파넥의 크리티컬한 고찰을 접함으로써 일상적으로 실행하는 마케팅과 디자인이라는 행위가 원리적으로 내포하고 있는 성질에 대해 의식적으로 생각하게 합니다.

『21세기 자본』 토마 피케티.

피케티는 프랑스의 경제학자. 경제 성장이 정체된 사회에서는 자본 수익률이 경제 성장률을 웃돌기 때문에 경제적 불평등의 격차가 점점 확대된다고 주장합니다. 피케티가 보여주는 경제 문제에 대한 깊은 통찰은 비즈니스의 사회적 책임과 지속 가능성 문제에 대한 이해를 높이는 데 도움이 됩니다.

『인간주의적 경영』 브루넬로 쿠치넬리.

브루넬로 쿠치넬리가 경영을 중심으로 사회와 경제에 관한 철학을 설명합니다. 크리티컬 비즈니스의 다양한 이해관계자를 살

피면서 지속 가능성을 중시하는 브루넬로 쿠치넬리의 경영에 관한 철학을 알면 자신의 비즈니스 철학을 고찰하는 데 큰 도움이 됩니다.

『시대를 앞서는 미래경쟁전략』 C.K. 프라할라드 외.

프라할라드는 미국에서 가장 영향력 있는 전략사상가. 이 책은 지금까지 매력적인 시장으로 여겨지지 않았던 개발도상국이나 최빈국에 대한 선입견을 바꿈으로써 새로운 비즈니스의 가능성이 생긴다고 제안합니다. 특히 풍부한 사례 소개가 이 책의 특징으로, 사회적 과제를 비즈니스의 기회로 파악하는 새로운 관점을 제공합니다.

『떠날 것인가, 남을 것인가』 앨버트 허시먼.

조직과 사회에서 불만족스러운 상황에 직면했을 때, 개인이 취할 수 있는 선택지를 이탈(Exit), 항의(Voice), 충성(Loyalty) 이 세 가지로 정리해 분석합니다. 이 책을 통해 크리티컬 비즈니스에 참여하는 사람과 지지자의 행동을 이해하고 적절히 대응하기 위한 통찰을 얻을 수 있습니다. 특히, 사회 운동의 조직화에서 '항의'의 유효성을 이해하는 데 도움을 줍니다.

『반항하는 인간』 알베르 카뮈.

인간의 반항하는 본질과 그 사회적·철학적 의의에 대해 깊이 파고듭니다. 반항은 인간의 존재를 긍정하는 행위이며, 부조리에 대한 저항을 통해 자유와 정의를 추구하는 과정이라고 주장합니다. 카뮈가 제시하는 반항의 개념은 비즈니스의 사회적·윤리적 과제에 대한 대처에도 적용 가능하며, 크리티컬 비즈니스 실천에 왜 반항적인 자세가 중요한지에 대한 통찰을 제공합니다.

『안티프래질』 나심 니콜라스 탈레브.

불확실성이나 혼란에 의해 오히려 강해지는 성질인 '반취약성'을 경제, 정치, 의료, 개인, 기업 등의 다양한 분야에 적용해 고찰합니다. 숙명적으로 높은 불확실성을 안고 있는 크리티컬 비즈니스의 실천에서 역경과 불확실성을 극복하고 이를 긍정적인 기회로 바꾸는 통찰을 얻을 수 있습니다.

『B Corp Handbook』 라이언 허니맨 외.

파타고니아, 더바디샵 등 많은 크리티컬 비즈니스 기업이 취득한 'B Corp 인증'에 관한 안내서입니다. 'B Corp 인증'이 어떤 평가 관점을 가지고 있는지 이해함으로써 자신의 비즈니스를 객관적으로 바라볼 수 있는 크리티컬한 관점을 기릅니다.

『비폭력을 실천하기 위하여』 진 샤프.

진 샤프는 미국의 정치학자. 그의 저서는 독재 체제를 타도하기 위한 민주화 운동가들의 바이블이었습니다. 이 책은 사회 변화 활동에 있어 비폭력 저항의 방법론과 전략에 대해 자세히 설명합니다. 샤프의 비폭력 원칙과 전략을 이해하고 도입함으로써 크리티컬 비즈니스를 더욱 효과적으로, 그리고 평화적으로 실천할 수 있습니다.

『세상을 바꾸는 하나의 목소리』 앨리스 하워스부스 외.

역사를 통해 일어난 중요한 사회 운동의 배경, 목적, 방법, 그리고 달성한 성과를 소개합니다. 변혁을 이룬 사회 운동의 성공 사례, 특히 상황에 따른 운동의 창의성은 현대의 사회 운동에 영감을 줍니다.

『Cultural Evolution』 로널드 잉글하트.

저자 잉글하트는 사회학자. 이 책은 지난 40년 동안 세계적으로 일어난 가치관과 문화적 태도의 변화를 설명합니다. 오늘날 진행되고 있는 물질적 가치관에서 탈물질적 가치관으로의 대규모 전환에 대한 통찰을 얻을 수 있습니다.

『BODY AND SOUL』 아니타 로딕.

더바디샵의 설립자인 아니타 로딕의 자서전입니다. 아니타 로딕이 비즈니스를 진행하면서 어떤 생각을 하고, 어떻게 행동했는지를 접하면 크리티컬 비즈니스를 실천하는 사고와 행동 양식을 배울 수 있습니다.

『에코토피아 뉴스』 윌리엄 모리스.

19세기에 일어난 산업사회의 위험성을 선구적으로 통찰한 사람들 중 한 명은 디자이너 겸 사회사상가 윌리엄 모리스였습니다. 이 책은 모리스의 이상과 희망을 반영해 '일하는 기쁨'과 '자연의 아름다움'이 넘치는 22세기 인간의 삶을 그린 일종의 SF소설입니다. 현재 우리가 살아가는 사회에 대해서 '왜 이렇게 되었는가?'에 대한 다양한 관점을 제공합니다.

크리티컬 비즈니스 패러다임

초판 1쇄 2025년 10월 20일

지은이 야마구치 슈
옮긴이 최윤영
펴낸이 김운태
기획·관리 박정윤
편집 김운태
디자인 정초희

펴낸곳 도서출판 미래지향
출판등록 2011년 11월 18일 제2013-000129호
주소 서울시 마포구 마포대로 53 B동 1603호
전자우편 book@miraejbook.com
대표전화 02-780-4842
팩스 02-707-2475
홈페이지 www.miraejihyang.com
ISBN 979-11-85851-38-9

값은 뒤표지에 있습니다.
잘못된 책은 구입하신 서점에서 바꾸어 드립니다.